nia Konnerth

ass dich vom Leben verwöhnen

Tania Konnerth

Lass dich vom Leben verwöhnen

Kleine Genüsse im Alltag

HERDER

FREIBURG · BASEL · WIEN

Die in diesem Buch gegebenen Hinweise sind Anregungen; sie sollten nicht als Ersatz für professionelle Hilfe angesehen werden. Verlag und Autoren übernehmen für die Folgen einer Selbstbehandlung keine Haftung.

Originalausgabe

www.herder.de

Umschlaggestaltung und -konzeption:
R·M·E München/Roland Eschlbeck, Liana Tuchel

Gesamtherstellung: fgb · freiburger graphische betriebe
www.fgb.de

Gedruckt auf umweltfreundlichem,
chlorfrei gebleichtem Papier
Printed in Germany

ISBN 978-3-451-07073-0

Inhalt

Vorwort

„Genuss ist nur ein Tropfen im Cocktail des Glücks, doch welch Würze verleiht er!“

ALBERT MEMMI

Ein breites Wellness-Angebot, hochwertige Nahrungsmittel, ein Bad mit Badewanne – wir haben mehr Genussmöglichkeiten denn je. Was oft fehlt, ist die Zeit, sie auch zu nutzen.

Dabei ist unsere Fähigkeit, genießen zu können, eine wichtige Kraftquelle. Indem wir uns schöne und wohltuende Erfahrungen gönnen und auch ganz gezielt selbst schaffen, können wir auftanken und neue Energien gewinnen.

In diesem Buch habe ich für Sie die verschiedensten Genussmöglichkeiten zusammengetragen – zum Entdecken, Ausprobieren und Weiterentwickeln. Ich habe sie den zwölf Monaten zugeordnet, was Ihnen ermöglicht, sich genussvoll durch das ganze Jahr zu bewegen und zu jeder Jahreszeit die passenden Anregungen und Ideen für mehr Wohlgefühl zu finden.

Damit Sie die Ideen so intensiv wie möglich für sich nutzen können, lade ich Sie ein, zunächst das „Kleine 1 x 1 des Genießens“ zu lesen. Hier erfahren Sie, was eigentlich unsere Genussfähigkeit ausmacht und wie wir sie steigern können.

Auf ein genussvolles Jahr und viele weitere!

Tania Konnerth

Das kleine 1 x 1 des Genießens

Genuss – das verbinden die meisten Menschen vor allem mit kulinarischen Spezialitäten, also einem guten Essen und einem edlen Tropfen. Auch ein Sonnenbad oder eine Massage zählt für manche dazu. Doch sehr viel mehr Genussanlässe fallen den meisten dann schon nicht mehr ein …

Und doch ist die Welt voller Genussmöglichkeiten! Nahezu überall lässt sich etwas entdecken, das uns guttut, Freude und Wohlgefühl schaffen kann.

Schade nur, dass wir diese Anlässe manchmal glatt übersehen oder uns nicht auf sie einlassen wollen.

Warum ist das so?

Weil die meisten von uns ständig im Stress sind. Wir haben so vieles vor, müssen eine

Vielzahl von Dingen erledigen, wollen so viel erreichen, dass wir uns kaum je die Zeit nehmen, auch einmal innezuhalten und etwas ganz bewusst wahrzunehmen.

Genießen braucht aber Zeit und ungeteilte Aufmerksamkeit.

Wirklichen Genuss erleben Sie nur, wenn Sie sich für einen Moment ganz auf etwas einlassen können. Dieser Moment muss nicht lange dauern, aber Sie sollten sich ihm möglichst kompromisslos hingeben können.

Es ist also unerlässlich, dass Sie kleine und auch mal längere Genusszeiten für sich einrichten und diese fest reservieren. Seien Sie es sich wert!

Und wie genau können wir dann genießen?

Es sind unsere fünf Sinne, die uns überhaupt erst Genuss ermöglichen.

Indem wir sehen, riechen, hören, schmecken und fühlen, nehmen wir Außenreize war – manchmal unangenehme, aber eben auch die, die uns guttun. Und je aufmerksamer wir die Welt mit unseren Sinnen erleben, desto intensiver kann auch der Genuss werden.

Für alle, die jetzt neugierig geworden sind, habe ich ein kleines 5-Tage-Programm entwickelt.

Hier können Sie sich jeweils einen Tag lang einem Ihrer Sinne widmen und diesen vielleicht ganz neu entdecken. So vorbereitet werden Sie dann die Ideen und Anregungen durch das Jahr hindurch besonders genießen können.

„Sinnlich leben" lohnt sich, und Genussfähigkeit hat viel mit Lebenskunst zu tun.

Werden Sie also zum Genießer!

Genießen für Einsteiger: ein 5-Tage-Programm für alle Sinne

„Der Mensch ist eine Sonne, seine Sinne sind seine Planeten."

NOVALIS

Leider haben viele von uns das Genießen nie richtig gelernt oder zum Teil auch schlicht wieder verlernt. Und da wir im Alltag vor allem „funktionieren" müssen, tendieren wir dazu, unsere Umgebung vor allem „vom Kopf aus" wahrzunehmen. Wir filtern das, was wir wahrnehmen, nach nützlichen Informationen und blenden alles Überflüssige aus – Sinnlichkeit hat da wenig Platz. Damit entgeht uns vieles.

Sinnlichkeit verbinden wir in erster Linie mit Erotik. Hier ist das Wahrnehmen mit allen Sinnen ganz selbstverständlich – wir fühlen den anderen, sehen, hören, riechen und schmecken ihn. Aber in anderen Bereichen leben die meisten von uns eher sinnes-arm. Wie schade!

Mit dem folgenden 5-Tage-Programm können Sie einmal ganz bewusst Ihre fünf Sinne aktivieren. An jedem Tag steht einer von ihnen im Mittelpunkt.

Tipp

Am besten nehmen Sie sich für die folgenden Tage ein schönes Notizbuch zur Hand, in das Sie Ihre Erfahrungen, Erlebnisse, Gefühle und Ideen notieren. Denken Sie daran, dass Sie in ein Notizbuch nicht nur schreiben können, sondern auch zeichnen und malen. Sie können auch Collagen zusammenkleben, die das ausdrücken, was Sie erlebt und genossen haben.

1. Tag: Sehen

Heute stehen visuelle Reize im Vordergrund, also Farben, Formen, Licht, Schattierungen, Größenunterschiede u. Ä. Hier finden Sie ganz unterschiedliche Übungen und Anregungen, mit denen Sie Ihren Sehsinn aktivieren und trainieren können:

Schauen Sie heute alles um sich herum ganz neugierig, unbedarft und aufmerksam an, als hätten Sie es noch nie zuvor gesehen. Erforschen Sie die Welt mit ganz neuen Augen.

Richten Sie Ihre Aufmerksamkeit einmal auf kleine Details in Ihrer Umgebung. Schauen Sie sich z. B. alltägliche Gegenstände so intensiv an, dass Sie anschließend aus dem Kopf eine Skizze davon anfertigen könnten. Sie werden staunen, was es da zu entdecken gibt!

Setzen Sie sich ruhig und entspannt auf einen Stuhl und nehmen Sie für einige Minuten Ihre Umgebung ganz bewusst wahr. Schließen Sie die Augen und lassen Sie Ihre Umgebung vor Ihrem inneren Auge neu entstehen. Schauen Sie im Nachhinein, ob Sie Bestandteile vergessen haben.

Vergleichen Sie verschiedene Flächen, Bilder und Gegenstände miteinander. Wie steht es mit kleinen Unregelmäßigkeiten wie z. B. Flecken oder Rissen? Können Sie einer Oberfläche ansehen, wie sie sich anfühlt? Überprüfen Sie Ihre Eindrücke, denn so lernen Sie, immer plastischer zu sehen.

Suchen Sie nach „visuellen Schätzen“, wie z. B. die kleine Blume, die am Straßenrand blüht, eine alte, verwitterte Holztür, hinter der sich Geheimnisvolles verbergen mag, u. Ä.

Schauen Sie nach größeren Farbflächen, also z. B. Tüchern, Vorhängen, bemalten Wänden oder Bildern, und tauchen Sie ganz in die jeweiligen Farben ein. Registrieren Sie, was die unterschiedlichen Farben in Ihnen auslösen. Wie fühlt sich z. B. die Farbe Rot für Sie an? Was empfinden Sie bei Blau? Was löst Grün in Ihnen aus? Schreiben Sie Ihre Gefühle zu den Farben auf.

Achten Sie auch auf das Licht: Wie wirkt das Sonnenlicht (oder der bedeckte Himmel)? Wie das Licht einer Neonröhre? Wie verändert sich das Licht über den Tag? Welches Licht löst in Ihnen welche Stimmung aus?

Fassen Sie am Ende Ihren Tag zusammen. Schreiben Sie auf, wie es Ihnen mit Ihrem Seh-Tag ergangen ist. Was war anders als sonst? Was haben Sie entdeckt? Was haben Sie genossen? Was war schwierig?

Extra-Tipp

Es heißt, dass der Mensch ein „Augentier“ sei. Und weil uns das Sehen so selbstverständlich ist, kann es eine gute Übung sein, sich einmal für eine Zeitlang die Augen zu verbinden. Registrieren Sie, wie eingeschränkt Sie plötzlich sind. Nehmen Sie wahr, welch große Bedeutung das Sehen für Sie hat. Sie werden danach Ihren Sehsinn ganz von selbst intensiver erleben.

2. Tag: Hören

Heute konzentrieren Sie sich auf akustische Reize, also auf Musik, Klänge, aber auch Lärm u. Ä. Lassen Sie sich auf die folgenden Übungen ein, um einmal das Hören ganz intensiv zu erleben:

Beginnen Sie den Tag damit, noch bevor Sie aufstehen, sich ganz auf das zu konzentrieren, was Sie hören. Welche Geräusche nehmen Sie wahr, wenn Sie mit geschlossenen Augen im Bett liegen? Wie klingt Ihr Morgen?

Da wir täglich von unzähligen Geräuschen umgeben sind, nehmen wir viele von ihnen gar nicht mehr wahr. Setzen Sie sich deshalb einmal ruhig hin, schließen Sie die Augen und hören Sie ganz bewusst hin, welche einzelnen Geräusche Sie umgeben. Wie viele sind es? Welche sind Ihnen zuvor noch nie aufgefallen?

Machen Sie sich bewusst, was die Geräusche in Ihnen an Gefühlen oder Gedanken auslösen. Auch hier ist es hilfreich, die Augen zu schließen. Was empfinden Sie z. B., wenn die U-Bahn einfährt? Oder was, wenn Sie an einer großen Kreuzung stehen? Oder wie fühlen Sie sich in der Natur, wenn die Vögel zwitschern?

Nehmen Sie auch den Klang der Stimmen und die Lautstärke wahr, in der die

Menschen um Sie herum miteinander reden. Welche Stimmen mögen Sie? Welche nicht? Was lösen sie in Ihnen aus?

Trainieren Sie einmal gemeinsam mit Ihren Lieben, leiser als sonst zu reden. Oft sprechen wir viel lauter als nötig. Indem wir aber gezielt leise reden, müssen wir auch aufmerksamer miteinander sein.

Richten Sie Ihr ganz persönliches Konzert aus, indem Sie sich Musikstücke danach zusammenstellen, welche Stimmungen oder Gefühle sie in Ihnen auslösen. Welche Musik macht Sie fröhlich? Welche traurig? Bei welcher können Sie nachdenken? Bei welcher gut einschlafen?

Fassen Sie am Ende Ihren Tag zusammen. Schreiben Sie auf, wie es Ihnen mit Ihrem Hör-Tag ergangen ist. Was war anders als sonst? Was haben Sie entdeckt? Was haben Sie genossen? Was war schwierig?

Extra-Tipp

Die meisten von uns sind von unzähligen Geräuschen umgeben, die sie oft gar nicht mehr wahrnehmen. Schalten Sie heute für eine Weile einmal alle Geräuschquellen, mit denen Sie sich normalerweise umgeben, wie z. B. Radio, Fernseher, PC aus. Sie können auch eine gewisse Zeit mit Hilfe von Ohrenstöpseln „gehörlos“ verbringen, um sich für das bewusste Hören zu sensibilisieren.

3. Tag: Schmecken

Heute geht es um alles, was unseren Gaumen kitzelt. Essen und Trinken sind für viele ein vertrauter Genuss. Aber wirklich bewusst erleben wir unseren Geschmackssinn eher selten. Hier finden Sie Übungen, mit denen Sie einmal ganz bewusst auf Ihren Geschmackssinn achten können:

Was essen Sie am liebsten? Denken Sie jetzt an Ihre Lieblingsspeise und holen Sie sich den Geschmack auf die Zunge. Wie intensiv können Sie ihn wahrnehmen? Diese kleine Übung können Sie auch vor Ihrer Mahlzeit machen. Wenn der Teller auf dem Tisch steht, schließen Sie kurz die Augen und erleben den Geschmack in Ihrer Vorstellung.

Trinken Sie einmal ganz achtsam ein Glas Wasser. Wasser ist nicht ohne Geschmack – wir müssen ihn nur wahrnehmen. Ein Glas Wasser kann tatsächlich zu einem Geschmackserlebnis werden.

Lernen Sie ungewöhnliche Gewürze kennen. Welche mögen Sie? Welche nicht?

Bereiten Sie sich gezielt Speisen zu, die Sie noch nie gegessen haben. Es gibt zahlreiche Kochbücher exotischer Küchen, mit deren Hilfe Sie gleichsam kulinarisch um die Welt reisen können. Sie werden sicher staunen, welche Unterschiede und Überraschungen sich da erschmecken und erleben lassen.

Verbinden Sie Ihre Augen und lassen Sie sich von jemandem mit verschiedenen Speisen füttern, ohne dass Sie wissen, was Ihnen angeboten wird. Nehmen Sie wahr, wie ungewohnt selbst bekannte Speisen wirken, wenn Sie sie vorher nicht sehen.

Fassen Sie am Ende Ihren Tag zusammen. Schreiben Sie auf, wie es Ihnen mit Ihrem Schmeck-Tag ergangen ist. Was war anders als sonst? Was haben Sie entdeckt? Was haben Sie genossen? Was war schwierig?

Extra-Tipp

Beim Schmecken gehen viele nach dem Motto „Viel hilft viel" vor. Wir salzen und würzen kräftig nach – je süßer, desto besser, und je schärfer, desto lieber. Hier kann es sinnvoll sein, sich einmal durch ganz bewussten Verzicht auf Würzmittel, Süßstoff oder Zucker wieder neu für eine feinere Geschmackswahrnehmung zu sensibilisieren. Menschen, die regelmäßig einige Tage lang fasten, haben danach oft ganz besondere Geschmackserlebnisse.

4. Tag: Riechen

Heute stehen Geruchs-Reize im Vordergrund. Gerüche nehmen wir bewusst oft nur dann wahr, wenn sie besonders angenehm oder besonders unangenehm sind. Konzentrieren Sie sich heute immer wieder darauf, zu riechen, auch wenn es eigentlich keinen äußeren Anlass dafür gibt. Die folgenden Übungen helfen Ihnen dabei:

Riechen Sie heute ganz intensiv an der Nahrung, die Sie zu sich nehmen, und an den Getränken, mit denen Sie Ihren Durst löschen.

Gehen Sie spazieren, und zwar sowohl in der Stadt als auch im Grünen. Nehmen Sie alle Gerüche, die Sie finden, wahr und registrieren Sie Unterschiede. Riechen Sie die Hauswände, in U-Bahn-Schächte und Straßenzüge. Schnuppern Sie an Bäumen, Pilzen und Pflanzen.

Gerüche sind starke Erkennungszeichen. Sie erkennen eine Person oft an ihrem Parfüm, noch bevor Sie sie sehen. Viele Geschäfte haben einen ganz eigenen Geruch, z.B. ein Kaffeegeschäft oder ein Seifenladen. Auch Büroabteilungen, Stadtviertel oder Jahreszeiten haben ihren eigenen Geruch. Suchen Sie nach solchen Erkennungsgerüchen.

Sicher kennen Sie auch Gerüche, die Sie sofort in eine alte Erinnerung zurückversetzen. Was ist es bei Ihnen? Ein Parfüm? Der Duft einer Blume oder eines Baumes? Vielleicht finden Sie heute einen solchen Duft, mit dem Sie sich auf eine Kurzreise in vergangene Zeiten begeben können.

Machen Sie einen Abstecher in die Parfümabteilung eines Kaufhauses und schnuppern Sie an verschiedenen Proben. Bitten Sie die Verkäuferin um exotische und ungewöhnliche Düfte. Nach drei bis fünf Parfüms hat das Vergnügen allerdings ein Ende, denn dann stumpft Ihre Nase ab.

Lassen Sie sich von einer Person die Augen verbinden und bitten Sie ihn oder sie dann, Ihnen drei bis fünf Duftstoffe vorzusetzen. Das können z. B. Nahrungsmittel sein, Gewürze und Obst oder auch ätherische Öle (Vorsicht, diese sind sehr intensiv; hier sollte immer nur ein Tropfen auf ein Taschentuch gegeben werden), Kosmetika oder anderes. Es darf auch ruhig mal ein unangenehmer Geruch dazwischen sein. Lassen Sie sich auf die Duftüberraschungen ein.

Fassen Sie am Ende Ihren Tag zusammen. Schreiben Sie auf, wie es Ihnen mit Ihrem Riech-Tag ergangen ist. Was war anders als sonst? Was haben Sie entdeckt? Was haben Sie genossen? Was war schwierig?

Extra-Tipp

Weil der Geruchssinn meist gar nicht bewusst wahrgenommen wird, ist der heutige Tag sicher spannend. Auch hier wissen wir oft erst, was wir an unserem Geruchssinn haben, wenn wir ihn verlieren. Menschen, die krankheitsbedingt nichts mehr riechen können, verlieren oft den Spaß am Essen, denn das Riechen spielt für unseren Geschmackssinn eine große Rolle. Wenn Sie mögen, probieren Sie das aus, indem Sie etwas mit zugehaltener Nase essen.

5. Tag: Fühlen

Heute geht es darum, sich einmal ganz bewusst und intensiv dem Tastsinn zu widmen. Fühlen ist ein elementarer Sinn für uns alle. Wie bewusst wir uns unseres Tastsinnes sind, ist sehr unterschiedlich. Finden Sie das mit Hilfe der folgenden Übungen heute für sich selbst heraus.

Achten Sie einmal auf all die Sachen, die Sie im Laufe des Tages berühren. Das beginnt am Morgen mit der Bettdecke, wenn Sie diese zurückschlagen, und mit der Zahnbürste, die Sie in die Hand nehmen. Welche Gegenstände fühlen sich kühl an, welche warm? Welche glatt, welche rau? Welche sind hart, welche weich?

Lernen heißt auch „begreifen". Lernen Sie heute einmal etwas durch Anfassen – z. B., wie die Muskeln Ihres Beines sich bei bestimmten Bewegungen verändern.

Lernen durch Ertasten kann sehr spannend sein!

Was berühren Sie gerne? Was ist Ihnen eher unangenehm?

Probieren Sie heute in einem Geschäft ganz unterschiedliche Kleidungsstücke an und spüren Sie, wie sich die verschiedenen Stoffe auf Ihrer Haut anfühlen. Welche Gefühle lösen die verschiedenen Kleidungsstücke in Ihnen aus? Wie fühlen Sie sich in einer edlen Seidenbluse und wie in einem robusten Synthetik-Pulli? Nehmen Sie bewusst wahr, was Sie auf Ihrer Haut spüren.

Lassen Sie sich von Ihrem Partner, Ihrer Partnerin heute die Haare waschen. Schließen Sie dabei die Augen und spüren Sie dem Gefühl nach.

Lernen Sie verschiedene Massage-Methoden oder auch Streichelarten kennen und fühlen Sie, welchen Ihnen guttun und welche Sie nicht so mögen. Können Sie Unterschiede in Bezug auf Ihre Körperteile merken? Wo mögen Sie welche Berührungen am liebsten?

Legen Sie sich auf den Bauch und lassen Sie eine andere Person mit verschiedenen Gegenständen über Ihren Rücken streichen. Können Sie erraten, worum es sich handelt? Alternativ können Sie sich auch mit geschlossenen Augen unterschiedliche Gegenstände in die Hand geben lassen und dann raten, was es ist.

Auch mit den Füßen können wir etwas erfühlen! Legen Sie einmal verschiedene Gegenstände bereit und ertasten Sie diese mit geschlossenen Augen mit Ihren Fußsohlen und Zehen.

Fassen Sie am Ende Ihren Tag zusammen. Schreiben Sie auf, wie es Ihnen mit Ihrem Fühl-Tag ergangen ist. Was war anders als sonst? Was haben Sie entdeckt? Was haben Sie genossen? Was war schwierig?

Extra-Tipp

Die Haut ist unser Tastsinnesorgan. Sie ist gleichzeitig unser größtes Organ und sie umgibt uns komplett. Das führt dazu, dass wir eigentlich gar nicht *nicht* fühlen können. Wir haben ständig Kontakt zu etwas – sei es der Stoff der Kleider, die wir tragen, die Unterlage, auf der wir sitzen, oder die Dinge, die wir gerade anfassen. Aber wie sehr ist uns das eigentlich bewusst? Achten Sie heute einmal darauf.

Genussvoll durchs Jahr

Nachdem nun Ihre Sinne geschärft sind, können Sie sich genussvoll den Ideen widmen, die ich für Sie vorbereitet habe.

Stellen Sie sich dazu vor, dass Sie auf einen großen Markt gehen. Es handelt sich um einen riesigen Basar, wo unzählige von bunten Ständen darauf warten, von Ihnen entdeckt zu werden.

Auf diesem Markt finden Sie verschiedenste Genüsse – Wohltuendes für die Augen, die Ohren, Ihre Nase, Ihren Geschmackssinn und Genüsse zum Fühlen. Sie haben die freie Auswahl!

Sie können hier und dort stehenbleiben und kosten. Sie können ausprobieren und kennenlernen. Sie können staunen und weiterschlendern. Sie können die Anregungen in den Monaten nutzen, denen ich sie zugeordnet habe, oder wann immer Sie sonst möchten.

Und das Wichtigste: Sie können sich jederzeit eigene Genussideen ausdenken.

Januar

Ein frisches, nagelneues Jahr liegt vor uns.

Was haben Sie sich vorgenommen? Welche Pläne wollen Sie in diesem Jahr umsetzen? Was verwirklichen?

Ein Jahresanfang schenkt uns einen symbolischen Neustart. Lassen Sie Vergangenes hinter sich und genießen Sie die freie Sicht auf all Ihre Möglichkeiten. In allem Grau des Winters schenkt uns der Januar das Bewusstsein, wählen und gestalten zu können.

Dafür brauchen wir Schwung und Energie – und für beides gibt es Übungen und Anregungen, die uns guttun.

Darüber hinaus gilt es Winterfreuden zu genießen: Schnee, Kälte und gemütliche Stunden daheim.

Zeit genießen

Zum Jahreswechsel lohnt es sich, sich einmal der Zeit bewusst zu werden, die wir haben. Jede/r von uns hat jeden Tag 24 Stunden zur Verfügung, in jeder Woche sieben Tage, in jedem Monat vier Wochen und in jedem Jahr zwölf Monate. Diese Zeit ist **Ihre** Zeit. Sie gehört nur Ihnen und Sie entscheiden, was Sie damit tun.

Spüren Sie, wie Ihnen dieser Gedanke neue Möglichkeiten schenkt?

Wohlfühlfaktor Optimismus

Es gibt kaum etwas, das kraftvoller ist, als eine gesunde, optimistische Lebenseinstellung. Genießen Sie es, an sich zu glauben und an Ihre Möglichkeiten.

Genießen Sie Ihr Ja zum Leben.

Genießen, dass ein neuer Tag anbricht

Beginnen Sie jeden Morgen mit einem schönen kleinen Ritual:

Schließen Sie, bevor Sie aufstehen, für einen Moment die Augen und stellen Sie sich vor, dass Sie den neuen Tag herzlich begrüßen und wie der neue Tag Sie dafür liebevoll umarmt.

Und auch das schenkt einen genussvollen Start in den Tag:

Denken Sie an eine Katze: Räkeln und strecken Sie sich ausgiebigst, bevor Sie aufstehen.

Damit kommt nicht nur Ihr Kreislauf in Schwung, sondern Sie beginnen den Tag gleich mit einem lustvollen Körpererlebnis.

Noch mehr Morgengenuss-Momente

Um sich den Start in den Tag zu erleichtern, kann man sich ganz nebenbei selbst verwöhnen – Sie müssen dafür nicht mal früher aufstehen!

Hören Sie statt Radio beim Frühstücken lieber Entspannungsmusik oder eine selbst zusammengestellte Songmischung, die Sie in eine gute, positive Stimmung versetzt. Erlauben Sie sich, fröhlich mitzusingen – und tanzen Sie ruhig auch, während Sie Ihr Frühstücksgeschirr in die Spülmaschine stellen oder abwaschen.

Gönnen Sie sich hin und wieder eine Dusche mit einem ausgewählten Duft-Duschgel. Benutzen Sie es nicht täglich, sondern eben nur an besonderen Tagen – dann wird das Geruchserlebnis intensiver.

Wenn Sie ein bisschen mehr Zeit investieren wollen, können Sie noch vor der Dusche mit einem Luffa-Handschuh sanft Ihren Körper abreiben. Das belebt und tut gut.

Nutzen Sie das Haareföhnen nach dem Duschen für eine kleine Kopfmassage.

Energiespritzen genießen

Es gibt viele Möglichkeiten, schnell und mit Genuss in Schwung zu kommen – suchen Sie sich eine aus:

- Hüpfen Sie mit richtig viel Spaß auf der Stelle, als wären Sie ein Gummiball.
- Laufen Sie auf der Stelle, als wollten Sie schneller als ein Sprinter sein.
- Tanzen Sie lustvoll und ausdrucksstark.

- Schütteln Sie sich locker – Arme, Beine, alles.
- Klopfen Sie Ihren Körper mit lockeren Fäusten ab, von den Beinen beginnend, den Rumpf nach oben, die Arme entlang bis zum Kopf. Wichtig: Klopfen Sie nur so stark, wie es Ihnen angenehm ist.
- Legen Sie sich einen heißen Waschlappen aufs Gesicht.
- Genießen Sie eine energetisierende Pulsdusche: einfach die Handgelenke abwechselnd unter kaltes und warmes Wasser halten.

Auch wirkungsvoll: Klopfen Sie sanft Ihre Thymusdrüse. Die liegt in der Mitte der Brust, direkt unterhalb vom oberen Teil des Brustbeins.

Schnee-Spaß

Sicher kennen Sie das Kinderspiel, im Schnee Engelfiguren zu machen. Wann haben Sie das selbst das letzte Mal getan?

Lassen Sie sich rücklings auf ein Stück unberührten Schnee fallen. Strecken Sie dann die Arme seitlich aus, so weit es geht, und bewegen Sie sie, als wollten Sie fliegen. Werden Sie zum Schneeengel – das ist nicht nur ein Genuss für Kinder!

Oder bauen Sie einen Schneemann – einen richtig großen oder viele kleine. Und Schneefrauen, Schneekinder und Schneehunde.

Auch ein Spaß: eine ordentliche Schneeballschlacht – und danach eine heiße Schokolade genießen.

Rodeln und Schlittschuhlaufen

Ein Spaß nicht nur für Kinder: Rodeln und Schlittschuhlaufen!

Vielleicht haben Sie sogar noch einen Schlitten und/oder ein Paar Schlittschuhe im Keller? Ansonsten können Sie sich bestimmt einen Schlitten bei Nachbarn oder Freunden ausborgen, und Leih-Schlittschuhe gibt es in jeder Eishalle.

Fahren Sie einfach mal zum nächsten Rodelberg oder zu einer Eisbahn und wagen Sie sich auf den Schnee bzw. aufs Eis – keine Angst, man verlernt es nicht. Und selbst wenn Sie noch nie Schlittschuh gelaufen sind: So schwer ist es gar nicht.

Noch schöner und nostalgischer wird das Ganze, wenn Sie auf einem zugefrorenen See Schlittschuh laufen oder auch nur spazieren gehen können.

Winterstaunen

Wer aufmerksam durch die Natur geht, kann dort kleine Wunder genießen:

- Mit Raureif überzogene Äste und Büsche.
- Leuchtend rote Hagebutten, die noch einen Hauch des vergangenen Sommers in sich tragen.
- Kristallene Kunstwerke in Form von Schneeflocken – jede einzigartig.
- Gefrorene Pfützen mit ihren ganz speziellen Mustern.

Ein wunderschönes Winterfeuerwerk für Augen, die bereit sind hinzuschauen.

Und achten Sie einmal ganz bewusst auf die Atmosphäre, wenn es gerade frisch geschneit hat. Wie es riecht, wie alle Geräusche gedämpft werden und welches Licht durch den Neuschnee entsteht.

Februar

Im Februar wächst die Sehnsucht in uns – nach Sonne und Wärme, nach Frühling und Sommer. Doch noch dauert es etwas, bis das erste Grün zu sprießen beginnt.

Aber warum nicht die Sehnsucht und auch die Melancholie genießen lernen? Haben Sie keine Angst davor, sondern finden Sie Wege, auf eine gute Art mit Trübsal und auch mit Traurigkeit umzugehen.

Im Gegenzug können Sie dann für Ausgleich sorgen und sich gerade in einem so trüben Monat, wie es der Februar oft ist, mit besonderen Genüssen verwöhnen: Tun Sie Ihrem Körper möglichst viel Gutes und achten Sie auch darauf, dass Sie sich nicht zu viel Stress zumuten bzw. diesen effektiv abbauen.

Gefühle wertschätzen

Unsere Empfindungsfähigkeit ist etwas ganz Kostbares.

In uns sind schöne Gefühle wie Freude, Liebe und Zufriedenheit, die uns tief erfüllen. Und da sind auch solche, die wir nicht immer begrüßen, wie Traurigkeit, Wehmut oder Melancholie.

Was auch immer Sie gerade empfinden, gehen Sie ruhig einmal ganz hinein in das Gefühl und drücken Sie es dann auf eine kreative Weise aus – durch Malen, Schreiben oder auch Tanzen.

Genießen Sie es, sich erlauben zu können, alle Ihre Empfindungen zuzulassen, denn das steigert unsere Empfindungsfähigkeit ganz allgemein.

Lyrik genießen

Wie wäre es, den Tag mit poetischen Inspirationen ausklingen zu lassen?

Schauen Sie doch mal in einer Buchhandlung oder Bibliothek, welche Gedichtbände Sie besonders ansprechen. Wählen Sie einen oder zwei aus und legen Sie sich das Buch dann auf dem Nachttisch bereit. Wenn Sie nun schlafen gehen wollen, nehmen Sie sich noch einige Minuten Zeit, um ein oder zwei Gedichte zu lesen. Lassen Sie die Worte und Stimmung auf sich wirken.

Wahlweise können Sie sich natürlich auch einen Märchenband aussuchen oder einen mit Kurzgeschichten. Achten Sie nur darauf, dass die Inhalte nicht zu aufwühlend sind. Sie sollten Sie eher entspannen und milde stimmen, damit Sie gut einschlafen können.

Auch empfehlenswert: zum Abschluss des Tages in einem schönen Bildband blättern.

Innere Bilder

Im Wintergrau fällt es nicht immer leicht, gut gelaunt zu bleiben. Wann immer Sie schlechte Laune haben, einen Energieschub brauchen oder sich einfach positiv motivieren wollen, können Sie die Kraft Ihrer inneren Vorstellung nutzen. Diese Form des Genießens sorgt für eine gute Stimmung – probieren Sie es aus:

Denken Sie doch einfach mal an Folgendes:

- An den schönsten Urlaub, den Sie erlebt haben.
- An den größten Erfolg, den Sie verbuchen konnten.
- An den innigsten Moment in Ihrem Leben.
- An das schönste Geschenk, das Ihnen jemand gemacht hat.
- An einen Moment von Geborgenheit und Vertrauen.
- An eine Situation, in der Sie jemanden glücklich gemacht haben.

Gehen Sie ganz in das innere Bild hinein und genießen Sie das Wohlgefühl, das sich damit einstellt.

Anspannungen einfach wegdenken

Probieren Sie einmal aus, durch die Kraft der eigenen Vorstellung gezielt verschiedene Regionen Ihres Körpers zu entspannen. Schließen Sie dabei die Augen, das macht es leichter, sich auf die Bilder einzulassen und sie zu genießen.

- Lassen Sie z. B. in Gedanken angenehm warmes Wasser Ihren Nacken hinunterlaufen und stellen Sie sich vor, wie mit diesem Wasser alle Anspannung wegfließt.
- Befestigen Sie in Ihrer Vorstellung einen Helium-Ballon an Ihrem Kopf, der Ihnen nun dabei hilft, den Kopf schwere- und mühelos in kleinen Bewegungen locker zu tragen.
- Stellen Sie sich vor, wie sanfte, warme Hände an allen verspannten Muskeln entlangstreichen und diese wie durch Magie lockern und lösen.

- Stellen Sie sich hin und lassen Sie nun Ihren Körper weich werden. Denken Sie an Eiscreme, die in der Sonne schmilzt, und lassen Sie alle Anspannung los.

Einen freien Kopf genießen

Wenn Sie mal wieder einen dicken Kopf haben, weil Sie sich Sorgen oder zu viele Gedanken machen, dann stellen Sie sich doch einmal vor Ihrem geistigen Auge vor, wie Sie auf einem hohen Berg oder auch am Meer stehen und dort ein kräftiger Wind Ihnen allen Gedankenballast aus dem Kopf pustet.

Malen Sie sich das so realitätsnah wie möglich aus. Befreit und mit leerem Kopf kehren Sie dann von dieser kleinen Mentalreise zurück.

Überhaupt tut es gut, sich hin und wieder all der Sorgen, Zweifel und Fragen zu entledigen, die in einem stecken – z. B., indem man sie aufschreibt. Auf dem Papier verschwinden sie noch nicht, aber Sie können sie auf diese Weise ein Stück weit loslassen und sich anderen Dingen widmen.

Manchmal tut es auch gut, das Aufgeschriebene dann wegzuwerfen oder zu verbrennen und sich damit symbolisch davon zu lösen.

Kleines Anti-Stress-Programm

Gerade wer wenig Zeit hat, ist oft angespannt. Halten Sie deshalb einmal ganz bewusst für einen Augenblick all Ihre Muskeln fest, so fest, dass es richtig anstrengend ist. Lassen Sie dann erleichtert los und genießen Sie das Gefühl der Entspannung.

Stress abschütteln

Stehen Sie unter Strom? Dann stellen Sie sich einmal vor, dass Sie den Stress einfach abschütteln können. Schütteln Sie dafür Ihre Hände aus, energisch und mit der inneren Vorstellung, sich damit von allem, was Sie belastet, zu erleichtern.

Danach eine wohltuende Kopfmassage genießen

Führen Sie beide Hände mit leicht gespreizten und gekrümmten Fingern von Ihrer Stirn an der Kopfhaut entlang zum Nacken und dann Richtung Ohren. Erspüren Sie, welche Druckstärke Ihnen dabei am angenehmsten ist, und genießen Sie sowohl die Massage selbst als auch das wohlige Kribbeln danach.

Zwei wohltuende Augenübungen

Diese Übungen können Sie immer dann genießen, wenn Ihre Augen z. B. von langer Computerarbeit müde geworden sind:

In die Dunkelheit schauen

Legen Sie Ihre beiden Hände mit leicht gewölbten Innenflächen über Ihre Augen, so dass diese das Licht von außen abschirmen. Schauen Sie nun eine Weile in die Dunkelheit und entspannen Sie auf diese Weise Ihren Blick.

Augendrehen

Schließen Sie die Augen. Schauen Sie nun (mit geschlossenen Lidern) im Takt Ihrer Atmung erst nach oben, dann nach unten, dann nach rechts und dann nach links. Bei jedem Einatmen wechseln Sie die Richtung und halten den Blick dort, bis Sie vollständig ausgeatmet haben.

Spielen Sie ruhig etwas mit dem Tempo Ihres Atems, bis Sie eines gefunden haben, das Ihnen angenehm ist, und genießen Sie die Übung, solange Sie Ihnen guttut.

März

Im März erwacht die Natur langsam aus ihrem Winterschlaf. Auch wenn es noch bitterkalt sein kann und stürmt und schneit, so beginnt doch überall um uns herum das Leben zu sprießen.

Jetzt gilt es, mit offenen Augen durch die Welt zu gehen und achtsam die Zeichen des Frühlings wahrzunehmen.

Wann immer sie scheint, schenkt uns die Sonne eine kleine Genussmöglichkeit. Sie können für einen Moment innehalten, das Gesicht zur Sonne drehen und ihre wärmende Energie für einige Momente ganz in sich einsaugen. Spüren Sie, wie Ihre inneren Batterien auftanken?

Frühlingsboten

Das ist das Schönste am Frühling: die ersten grünen Triebe, die ersten zarten Knospen. Wer aufmerksam durch die Natur geht, kann sie entdecken. Zuerst sind es nur ganz wenige, aber es werden immer mehr.

Achten Sie auch darauf, wann die ersten Krokus-Spitzen aus der Erde gucken. Da muss man schon genau hinschauen. Die meisten sehen sie erst, wenn sie schon blühen. Viel schöner aber ist es, ihr Wachsen zu beobachten.

Und hören Sie genau hin: etwa darauf, wann welche Vögel singen. An einem milden Morgen werden Sie von einem Konzert kleiner, geflügelter Wesen geweckt – ein Genuss, der nach Frühling klingt.

Den Frühling riechen

Die erste Ahnung von Frühling bringt meistens sein Geruch. Ganz unverhofft an einem noch bitterkalten Tag liegt plötzlich ein Hauch Frühling in der Luft.

Schließen Sie die Augen und genießen Sie ihn so intensiv wie möglich – nichts riecht wie der Frühling.

An einem milden Tag

Konzentrieren Sie sich einmal mit geschlossenen Augen ganz darauf, dass um Sie herum der Frühling stattfindet. Spüren Sie die Energie der Pflanzen, die sich zum Wachsen und Blühen bereit machen. Nehmen Sie wahr, wie sanft die leichte Brise über Ihre Haut streicht. Spüren Sie die wieder erwachende wohlig wärmende Kraft der Sonne.

Schönes entdecken

Jedes Mal, wenn Sie an der Ampel stehen oder auf den Bus warten, haben Sie die Möglichkeit, einmal ganz bewusst nach etwas Schönem zu suchen – einem bunt bepflanzten Balkon, einem freundlichen Gesicht, einem Stück blauem Himmel.

Ein Fest zum Frühlingsanfang

Warum nicht aus dem Frühlingsanfang ein Fest für die Sinne machen?

Stellen Sie alles unter das Motto „Frühling“ und verwöhnen Sie sich und Ihre Gäste mit Leckereien, Spielen, Musik, Geschichten und Ideen. Schön ist auch, wenn jeder der Eingeladenen selbst eine Frühlings-Genussidee mitbringt.

Ballast abwerfen

Auch wenn Aufräumen für die meisten von uns spontan nicht gerade ein Genuss ist, kann es durchaus etwas Lustvolles haben, einmal gründlich auszumisten.

Schaffen Sie Platz für Neues. Befreien Sie sich von allem, was sich angesammelt hat. Schenken Sie die Sachen, die noch gut sind, Menschen, die sie brauchen können, und trauen Sie sich auch, wirklich mal etwas fortzuwerfen.

Schauen Sie in die Natur – dort befreien sich die Pflanzen auch gerade von den Resten des Herbstes und des Winters, denn nur so können sie kraftvoll neue Triebe entwickeln.

Nehmen Sie dieses Bild in ihr eigenes Leben, entscheiden Sie sich bewusst für das, was Ihnen wichtig ist, und trennen Sie sich von dem, was Ihnen nichts mehr bedeutet.

Frühling hautnah

Die Erneuerung, die in der Natur gerade stattfindet, können Sie auch an sich selbst hautnah genießen.

Verwöhnen Sie z. B. Ihren Körper, indem Sie ihn gründlich mit einem so genannten „Peeling" oder einer Bürste abschrubben. Das macht die Haut weich und rosig und regt die Durchblutung an. Das Eincremen danach nicht vergessen!

Und wie wäre es mit einem Besuch beim Friseur? Eine neue Frisur kann einem wunderbar neuen Schwung geben. Lassen Sie sich beraten, was Ihren Typ besonders gut zur Geltung bringt.

Gehen Sie dann noch Ihren Kleiderschrank durch und sortieren Sie systematisch aus, was Sie nicht mehr anziehen. Gönnen Sie sich dafür bewusst etwas Neues.

Essen, ohne zu sehen

Probieren Sie einmal aus, etwas zu essen, ohne dass Sie es sehen.

Bereiten Sie sich z. B. einen leckeren Obstteller vor und verbinden Sie sich dann die Augen. Sie werden feststellen, dass das Geschmackserlebnis überraschend intensiv ist, wenn Sie zuvor nicht sehen, was genau Sie essen. Selbst der Geruch der Früchte wird intensiver.

Diesen Genuss können Sie sich auch gut zu zweit bereiten.

Ganz wichtig: gründliches Kauen. Langsam zu kauen steigert jedes Geschmackserlebnis.

April

Der April ist ein richtiger Spaßmacher. Wenn wir denken, dass es ein sonniger Tag wird, schickt er Regen, und wenn wir uns schon mit einem grauen Tag abfinden, knipst er einfach die Sonne an.

Wir können uns von seinen frechen Streichen anstecken lassen und genießen, verspielt und witzig zu sein. Wieder in Kontakt mit dem Kind in uns selbst zu kommen macht Spaß und schenkt uns wunderbare Momente – probieren Sie es aus.

Und auch Bewegung tut gut! Lassen Sie Ihre Vorbehalte gegen sportliche Aktivitäten los und schicken Sie Ihren inneren Schweinehund in den Urlaub. Springen Sie stattdessen mit Energie und Spaß hinein in diesen Monat, der viel zu bieten hat.

Das Wetter genießen

In kaum einem anderen Monat lässt sich so viel unterschiedliches Wetter erleben wie im April.

Nehmen Sie das einmal mit all Ihren Sinnen wahr:

- Spüren Sie den Regen auf der Haut und den Wind im Gesicht.
- Riechen Sie die Kälte und den Nebel.
- Schmecken Sie die warmen Frühlingslüfte.
- Sehen Sie den Wolken zu, wie sie Fangen spielen.
- Lauschen Sie Blitz und Donner.
- Setzen Sie sich in die Sonne zum Wärmen.

Pflanzlust ausleben

Und in diesem Monat lohnt es sich auch schon, die ersten Blumen zu pflanzen. Endlich wieder Farbe ins Leben bringen – legen Sie los!

Kinder und Kindlichkeit genießen

Kinder sind die geborenen Spaßmacher – lassen Sie sich einfach von ihnen anstecken!

- Entdecken Sie mit Kindern, über was man alles staunen kann.
- Lassen Sie sich zum Albernsein anstecken: Gackern und kichern Sie, bis Ihnen der Bauch wehtut.
- Lauschen Sie den Fragen von Kindern und finden Sie gemeinsam kreative Antworten.

- Setzen Sie sich mal wieder auf eine Schaukel und schwingen Sie in die Höhe.
- Wippen Sie mal wieder.
- Lassen Sie sich Sandkuchen backen und bauen Sie Topfburgen.
- Tauchen Sie zusammen mit Kindern in die fantastischen Welten von Märchen und Kinderbüchern ein.
- Denken Sie sich zusammen mit Kindern eine Geheimsprache aus – je verrückter sie klingt, desto besser.
- Schneiden Sie Grimassen.
- Besuchen Sie ein Spaßbad und benutzen Sie die Wasserrutsche.

Spaß mit Regenbogenfarben

Seifenblasen lassen nicht nur Kinderherzen höherschlagen. Besorgen Sie sich einfach ein Fläschchen mit der Lauge, pusten Sie und freuen Sie sich daran, den schillernden Gebilden beim Schweben zuzuschauen.

Bewegung genießen

Die meisten von uns bewegen sich viel zu wenig. Aber genau dafür ist unser Körper gemacht! Nun ist Sport für viele nicht gerade das, was sie sich unter genussvoller Bewegung vorstellen – zu stark ist die Erinnerung an Anstrengung und Drill. Es gibt aber auch noch andere Möglichkeiten, Bewegung neu für sich zu entdecken:

Schauen Sie einmal, ob Sie einen Feldenkrais-Kurs in Ihrer Nähe finden. Diese sanfte Bewegungslehre vermittelt ein ganz neues Erleben des eigenen Körpers, denn mit ihr lernen wir unsere ganz natürliche Beweglichkeit neu und bewusst kennen. Die Feldenkrais-Methode tut nicht nur dem Körper, sondern auch der Seele gut, denn auch die kommt dabei in Bewegung.

Überhaupt kann es purer Genuss sein, Bewegungen ganz bewusst und langsam auszuführen. Achten Sie z. B. einmal darauf, welche Muskeln beteiligt sind, wenn Sie nach etwas greifen. Oder was alles in Ihrem Körper geschieht, wenn Sie gehen. Oder welche Bewegungen besonders angenehm sind und welche eher nicht.

Gehmeditation

Eine sehr schöne und einfache Art, ganz bewusst die eigenen Bewegungen wahrzunehmen, ist eine Gehmeditation. Sie können sie überall ausführen, am schönsten ist es aber, wenn Sie dazu in einer angenehmen Landschaft, also z. B. im Park, auf einer Wiese oder im Wald sind.

Stellen Sie sich einen Moment lang mit geschlossenen Augen hin und atmen Sie einige Male tief durch. Nun öffnen Sie die Augen wieder und gehen Schritt für Schritt vorwärts. Zählen Sie erst drei Schritte für das Einatmen, dann drei Schritte für das Ausatmen. Zählen Sie dann vier Schritte für das Einatmen und vier fürs Ausatmen. Und dann zählen Sie fünf Schritte für das Ein- und fünf für das Ausatmen. Dann gehen Sie wieder auf vier und dann auf drei Schritte zurück.

Wiederholen Sie diesen Durchgang mehrere Male und werden Sie sich Ihres Körpers, des Atmens und des Gehens immer bewusster. Sie können die Zahl der Schritte pro Atemzug auch noch weiter steigern, um Ihre Atemzüge zu vertiefen.

Über die Wiese tollen

Schauen Sie sich einmal um, ob Sie nicht den Hund eines Nachbarn oder einer Freundin ausführen können und toben sie mit ihm über die Wiese.

Bewegungsspiele

Am schönsten ist Bewegung dann, wenn wir sie spielerisch, einfach aus Freude betreiben:

- Hüpfen Sie doch mal wieder.
- Rennen Sie einfach los, wenn Ihnen danach ist.
- Radeln Sie in den Wald.
- Gehen Sie schwimmen.
- Rangeln Sie mal mit Ihrem Lebenspartner oder Ihrer Partnerin.

- Liefern Sie sich ein Federball- oder Tischtennis-Match.
- Besuchen Sie einen Aerobic- oder Rock'n' Roll-Kurs.
- Rennen Sie mit Gummistiefeln durch Pfützen.
- Springen Sie mal wieder Seil.
- Boxen Sie in die Luft.

Ha!

Diese Übung eignet sich gut dazu, überschüssige Energie abzubauen:

Stellen Sie sich aufrecht hin. Sie brauchen etwas Platz um sich herum, wählen Sie also am besten die Mitte des Zimmers, wo nichts im Weg steht. Stehen Sie leicht gegrätscht und drücken Sie die Knie nicht ganz durch.

Nun sammeln Sie alle Energie in sich, und zwar innerlich wie äußerlich. Stellen Sie sich vor, wie Sie die Energie regelrecht zusammenziehen. Ballen Sie die Fäuste, spannen Sie Arme und Beine an – so lange, bis Sie richtiggehend unter Strom stehen. Dann springen Sie mit einem kraftvollen Satz nach vorn, strecken die Arme Richtung Decke und rufen ein befreiendes „Ha!“ oder ein „Yeah!“. Lassen Sie mit diesem Sprung alle Luft und Energie los.

Sie können diese Übung mehrfach wiederholen und dabei sowohl die freigesetzte Energie als auch die Entspannung danach genießen.

Mai

Der Mai gilt als der Wonnemonat – der Monat für Verliebte und für eine richtig schöne Zeit.

Die Natur explodiert und verwöhnt uns mit Farben, Formen und Düften. So lädt uns der Mai geradezu zum Genießen ein.

Am schönsten ist dieser Monat, wenn wir ihn zusammen mit anderen erleben können – mit Menschen, die uns wichtig sind und mit denen wir gerne Zeit verbringen.

Suchen Sie die Nähe zu anderen und leben Sie Gemeinschaft. Vielleicht verlieben Sie sich ja auch? (Sei es in jemand ganz Neuen oder einmal mehr in den Menschen, mit dem Sie leben.)

Picknick zu zweit

Wie wäre es mit einem gemeinsamen, romantischen Picknick auf einer Decke inmitten einer grünen Wiese?

Über Ihnen der blaue Himmel, eine leichte Brise und natürlich Sonnenschein. Sie haben gut gegessen und getrunken und genießen nun Ihr Beisammensein.

- Schauen Sie sich mal wieder ganz tief in die Augen – wann haben Sie das das letzte Mal getan?
- Streichen Sie sich durch die Haare und sanft über die Wangen.
- Sagen und zeigen Sie einander, was Sie füreinander empfinden.

Ein Bad, das Lust auf mehr macht

Sie brauchen:

4 Tropfen Bergamotte-Öl,
1 Tropfen Ylang-Ylang,
3 Tropfen Rosenöl,
einige Tropfen Babyöl
und einen Becher Sahne.

Alle Zutaten gut miteinander verrühren und dann in das warme Badewasser geben. Genießen Sie nun zu zweit das Bad und alles, was danach kommen mag …

Allein oder zu zweit: in Rosen baden

Fügen Sie Ihrem Badewasser doch einmal eine Handvoll Rosenblätter hinzu. Das ist etwas fürs Auge und für die Nase – und ein Luxus für die Seele.

Berührungen genießen

Es tut uns allen gut, auch im Alltag von anderen berührt zu werden.

- Eine tröstende Hand, die einem den Arm streichelt, wenn es einem nicht gut geht.
- Die liebevolle Umarmung eines Menschen, der sich freut, einen wiederzusehen.
- Das zärtliche Streichen über das Haar, einfach so, als Geste der Zuneigung.
- Ein Küsschen auf die Wange als Dankeschön.
- Eine kleine Massage gegen einen verspannten Nacken oder müde gelaufene Füße.

Verschenken Sie ruhig mehr solcher Berührungen an andere (die Erfahrung lehrt, dass man dafür immer auch etwas zurückbekommt ...).

Gemeinschaft erleben – Gemeinsamkeiten genießen

Fast jedem von uns tut es gut, auch mal Teil eines größeren Ganzen zu sein, also z. B. zu einer Gruppe zu gehören, mit anderen etwas zu organisieren oder zu erleben oder einfach nur in eine Menge einzutauchen.

Überlegen Sie sich doch einmal, wo Sie am liebsten unter Menschen gehen und wobei Sie sich am wohlsten fühlen:

- In einem Verein, in dem Sie ein geliebtes Hobby pflegen können?
- Bei einer Initiative, bei der Sie sich für etwas einsetzen können, was Ihnen wichtig ist?
- In einer überschaubaren Runde guter Freunde, mit denen Sie gemütlich klönen können?

Es kann auch viel Freude machen, einmal selbst eine Gruppe ins Leben zu rufen – vielleicht um gemeinsam Bücher zu lesen, zu kochen oder sich gegenseitig bei Problemen zu helfen?

Frühstücksgenuss – stundenlang

Frühstücken mit Menschen, die einem lieb sind, ist etwas Wundervolles – ob nun auf dem Balkon, im Garten oder im Café. Laden Sie mal wieder zu einem ausgiebigen Brunch ein.

Auch nett: sehen und gesehen werden.

Wann sitzt es sich besser in einem Café als im Mai! Jeden sonnigen Moment nutzen und sich ins Freie setzen, Leute beobachten und ein Lächeln verschenken.

Stöberspaß

Oder Sie besuchen einen Flohmarkt. Jetzt, wo es warm genug ist, macht es viel Freude, ausgiebig in alten Sachen zu stöbern – oder Sie machen mal selbst einen Stand auf.

Zwei wohltuende Yoga-Übungen

Nehmen Sie sich eine weiche Unterlage, also eine Turnmatte oder einen weichen Teppich, und knien Sie sich mit aufrechtem Oberkörper hin. Die Arme lassen Sie seitlich hängen. Nun setzen Sie sich langsam auf Ihre Fersen und rollen den Oberkörper Wirbel für Wirbel und ganz behutsam nach vorne ein, bis Sie mit der Stirn den Boden berühren. Ihre Arme liegen entspannt neben den Beinen. Atmen Sie dann einige Male ein und aus und genießen Sie diese eingerollte Haltung, bis Sie sich ganz langsam wieder zum Kniestand aufrichten.

Auch die zweite Übung beginnen Sie im sogenannten Fersensitz, also indem Sie mit aufrechtem Oberkörper auf den Knien sitzen. Überkreuzen Sie Ihre Arme über dem Brustkorb, runden Sie leicht den Rücken und lassen Sie den Kopf behutsam sinken. Ziehen Sie sich in Ihrer Vorstellung beim Ausatmen ganz in sich zurück. Während Sie dann einatmen, erheben Sie sich in den Kniestand. Heben Sie dabei die Arme ganz hoch und öffnen Sie sich. Ihr Blick geht hinauf zur die Decke. Wiederholen Sie das zurückgezogene Aus- und das öffnende Einatmen einige Male.

Juni

Der erste richtige Sommermonat! Alles grünt und blüht in kräftigen Farben und wir können das Leben in vollen Zügen genießen.

Unternehmen Sie Neues und Bekanntes, lassen Sie sich auf kleine und große Abenteuer ein. Der Juni ist quicklebendig, seien Sie es auch!

Gönnen Sie sich ein Frühstück im Freien, genießen Sie es, ohne Jacke und Strümpfe an der Sonne sein zu können. Finden Sie ein neues Hobby. Machen Sie etwas, was Sie noch nie zuvor gemacht haben. Und begrüßen Sie den Sommer mit einem Fest.

Endlich wieder barfuß laufen

Unsere Füße haben meist wenig Freiheit. Den ganzen Tag stecken sie in Socken und Schuhen. Dabei kann Barfußlaufen so schön sein! Befreien Sie öfter einmal Ihre Füße aus deren Verpackung und laufen Sie barfuß. Über weiche Teppiche, über kalte Fliesen, über sandige Wege und grüne Wiesen. Wenn Ihre Füße sich daran gewöhnt haben, können Sie sich auch ruhig einmal an Herausforderungen wie Waldboden, Kieswege u. Ä. wagen – aber immer schön behutsam. Indem Sie Ihren Füßen auch mal einen Untergrund zumuten, der nicht so bequem ist, stimulieren Sie die verschiedenen Reflexzonen unter den Sohlen und sorgen so für eine wohltuende Fußmassage.

Beeren pflücken

Wann haben Sie das letzte Mal Beeren direkt vom Strauch genascht? Für viele von uns dürfte das weit zurückliegen, vielleicht sogar bis in die Kinderzeit. Dabei gibt es kaum etwas Köstlicheres als frische Beeren. Jetzt im Juni reifen Himbeeren, später dann auch Brombeeren und Blaubeeren. Genießen Sie beim Pflücken ruhig auch die kleinen Kratzer der Dornen – die gehören dazu.

Duft-Lust

Bepflanzen Sie Ihren Balkon oder Ihr Blumenbeet einmal mit puren Genuss-Pflanzen: Duftgeranien, Vanilleblumen, Jasmin.

Lassen Sie sich in einer Gärtnerei beraten und erschnuppern Sie Ihre persönlichen Lieblingsblumen.

Farb-Lust

Und etwas fürs Auge: Schwelgen Sie in den Farben der Blumen.

Machen Sie Fotos oder malen Sie, was Sie sehen. Sie werden merken, dass Sie dadurch die Natur noch einmal ganz anders wahrnehmen – und Sie erschaffen sich gleich noch etwas, das Sie auch dann noch genießen können, wenn die üppige Blütenpracht verblüht ist.

Kleine Abenteuerlust

Raus aus der Stadt, rein in die Natur! Hier warten unendlich viele Sinneserfahrungen und Genüsse auf uns.

Erkundigen Sie sich doch einmal nach geführten Wanderungen, bei denen Sie verschiedenste Bereiche der Natur besser kennen- und genießen lernen können, wie z. B.:

- Vogel-Erkundungstouren.
- Wanderungen, auf denen Ihnen Kräuter gezeigt werden, die essbar sind oder heilende Wirkungen haben.
- Touren, auf denen Sie Tipps für das Überleben in der Natur bekommen.
- Naturschutzorientierte Wanderungen, bei denen man Sie auf die Probleme der Natur aufmerksam macht und zeigt, was jeder Einzelne dagegen tun kann.

Größere Abenteuerlust

Wie wäre es mit einem Ausflug in einen Hochseilgarten, wo in luftiger Höhe in den Baumwipfeln allerhand Seilkonstruktionen darauf warten, erklettert zu werden?

Verständlich, wenn Ihnen bei der Vorstellung etwas flau wird, aber seine Ängste anzugehen und zu überwinden kann eine tiefe Befriedigung schenken.

Wahlweise können Sie auch einmal einen Freeclimbing-Kurs besuchen und unter fachkundiger Anleitung Steilwände bezwingen.

Oder: Steigen Sie auf einen Berg. Sie müssen sich ja nicht gleich den Größten aussuchen, aber eine Gipfelwanderung ist immer ein ganz besonderes Erlebnis.

Ruhigere Freuden

Auch für alle, die es etwas ruhiger mögen, gibt es wundervolle Juni-Genüsse:

- Spielen Sie mal wieder Minigolf und schauen Sie, wie geschickt Sie sind.
- Setzen Sie sich an einen See und schauen Sie aufs Wasser – das hat eine beruhigende Wirkung.
- Besuchen Sie einen Zoo oder einen Tierpark.
- Schließen Sie sich einer Nordic-Walking-Gruppe an.
- Fahren Sie mal wieder Rad – eine kleine Radtour tut auch Ungeübten gut, und wenn Sie Spaß daran haben, können Sie die Strecken ja langsam ausdehnen.

Mal was ganz Neues probieren

Gibt es etwas, das Sie fasziniert, das Sie aber gleichzeitig für sich ausgeschlossen haben? Vielleicht möchten Sie einmal mit einem Heißluftballon fahren oder einen Fallschirmsprung wagen? Vielleicht träumen Sie davon, reiten zu lernen, oder Sie würden gerne einmal eine Kajak-Tour machen?

Sich an solche Wunschträume zu wagen und sie tatsächlich anzugehen ist eine besondere Form des Genießens. Wir müssen dazu aus der sogenannten „Komfort-Zone" heraus, in der wir es uns gemütlich gemacht haben, denn es gilt, so manche Angst und manchen Zweifel zu überwinden. Dafür werden wir aber reichlich belohnt:

Mit dem guten Gefühl, etwas bewältigt und geschafft zu haben, und mit der Erfüllung eines großen Wunsches.

Ein Fest zum Sommeranfang genießen

Am 21. Juni, dem längsten Tag des Jahres, ist der kalendarische Sommeranfang.

Grund genug zum Feiern!

Mit etwas Glück spielt das Wetter mit und Sie können Gäste nach draußen einladen – in Ihren Garten oder in einen Park zum Picknicken. Bitten Sie jede/n, einen ganz besonderen Sommer-Genuss mitzubringen, also etwas Essbares, das für den Betreffenden den Sommer symbolisiert.

Sorgen Sie selbst für einige gemütliche Kissen, Musik und Getränke und lassen Sie sich von den Genüssen überraschen, die die anderen mitbringen.

Juli

Der Juli ist für die meisten von uns ein Urlaubsmonat.

Er lädt uns ein, unsere Freizeit zu genießen – nichts zu verplanen, um ganz unbedarft und spontan entscheiden können.

Oder wir machen uns auf, die Welt kennenzulernen und reisen in nahe oder weit entfernte Länder.

Und ob nun in der Ferne oder zu Hause – Erholung ist überall möglich. Und sich selbst zu verwöhnen auch.

Das Nichtstun genießen

Keine Lust zu gar nichts? Macht nichts, auch das wohlige Nichtstun kann Genuss verschaffen. Also ruhig die Seele baumeln lassen und einfach mal so lange faul sein, bis man von selbst wieder Lust bekommt, etwas zu machen.

Nichts zu müssen, sondern sich treiben lassen zu können – solche Freiräume sind einfach herrlich!

Mal nicht da sein

Gönnen Sie es sich, einfach mal nicht erreichbar zu sein. Das Telefon bleibt ausgeschaltet. Alle Termine sind abgesagt oder verschoben, keiner darf stören. Das schenkt Zeit und Raum für das süße Nichtstun.

Ankommen und sich erden

Gerade wenn man in den Ferien weit gereist ist, tut es gut, ganz bewusst wieder anzukommen:

Legen Sie sich einmal auf eine Decke auf den Boden. Idealerweise draußen in der freien Natur, zur Not geht es aber auch zu Hause.

Spüren Sie nun, wo überall Ihr Körper auf dem Boden aufliegt und wie Sie von dem festen Untergrund getragen werden. Atmen Sie tief, ruhig und gleichmäßig.

Denken Sie bewusst daran, dass Sie sich auf einem riesigen Planeten befinden, der sie mit seiner Anziehungskraft sicher festhält.

Lassen Sie das Gefühl von Erdung zu, von Verwachsensein und von Verwurzelung.

Von Schilfhalmen und Bäumen

Zwei schöne Mentalübungen zum Wohlfühlen:

Stellen Sie sich bequem hin, die Füße sollten etwas Abstand voneinander haben. Schließen Sie nun Ihre Augen und atmen Sie einige Male tief durch. Stellen Sie sich vor, sie wären ein großes, schlankes Schilfgras. Der warme Juliwind wiegt Sie nun ganz sanft hin und her. Folgen Sie in Ihrer Vorstellung dieser Bewegung flexibel und fließend, werden Sie innerlich ganz weich und biegsam und genießen Sie dieses Gefühl für einige Zeit.

Stellen Sie sich auch für die zweite Übung leicht gegrätscht und bequem hin. Schließen Sie wieder die Augen und atmen Sie ruhig und tief. Werden Sie nun in Ihrer Vorstellung zu einem Baum. Nehmen Sie genau das Bild an, das in Ihnen aufkommt –

vielleicht sind Sie eine junge Birke, vielleicht eine mächtige Eiche. Tauchen Sie ganz in das innere Bild ein und verwurzeln Sie sich fest im Boden. Aus dieser Übung können Sie viel Kraft und Sicherheit schöpfen.

Urlaub auf Balkonien genießen

Wie schön, einmal richtig viel Zeit zu haben, das eigene Zuhause zu genießen!

Dekorieren Sie sich Ihren Balkon oder Garten mit blühenden Pflanzen, Lampions und Kerzen oder Fackeln.

Bereiten Sie sich einen leckeren Fruchtmix zu: Pürieren Sie gefrorene Erdbeeren zusammen mit einer reifen Banane und zwei Gläsern Wasser zu einem Smoothie – köstlich vor allem, wenn es heiß ist.

Stellen Sie sich eine große Wanne mit kaltem Wasser bereit, in das Sie Ihre Füße eintauchen können.

Nun noch ein spannendes Buch oder einige Zeitschriften, und dann können Sie es sich richtig gutgehen lassen.

Eine Landpartie

Fahren Sie einmal raus aufs Land und genießen Sie z. B.

- wogende Weizenfelder, die in der leichten Brise in Wellen schwingen,
- einen Strauß aus Korn- und Mohnblumen zu pflücken,
- den Duft frisch gemähter Wiesen,
- Stellen, an denen Sie bis zum Horizont schauen können,
- Pferden oder Kühen auf der Weide zuzuschauen,
- frische Milch oder einen damit zubereiteten Kakao zu trinken und
- ein Stück Kuchen in einer Landbäckerei.

Machen Sie Halt an einem Bauernhof, der auch Waren verkauft und decken Sie sich mit Obst und Gemüse aus der Region ein. Nehmen Sie sich auch ein Glas Honig mit oder etwas sauer Eingelegtes oder was dort sonst noch angeboten wird.

Übers Land fliegen

Einmal von einem Segelflugzeug oder Hubschrauber aus die Welt von oben anschauen zu können, ist für viele Menschen ein Hochgenuss.

Doch auch wer nicht real hoch hinaus will, kann das Fliegen genießen – und zwar in der eigenen Vorstellung.

Legen Sie sich für diese Übung am besten bequem hin. Schließen Sie die Augen und atmen Sie einige Male tief durch.

Stellen Sie sich nun vor, dass Sie hoch oben auf einem Berggipfel stehen. Breiten Sie Ihre Arme weit aus, denn sie werden nun zu mächtigen Schwingen. Stoßen Sie sich ab und fliegen Sie nun über die Landschaft. Lassen Sie sich ganz auf das Bild ein und schauen Sie, was es alles zu entdecken gibt. Fühlen Sie den Wind, der Sie trägt, und genießen Sie das Kribbeln im Magen.

Das Beste: Auf diese Weise können Sie abheben, wann immer Ihnen danach zumute ist.

Mal richtig was für sich tun ...

Die tägliche Körperpflege bietet wunderbare Möglichkeiten, sich selbst zu verwöhnen. Statt sich auf die Schnelle zu waschen und einzucremen, können Sie sich hier ohne großen Aufwand selbst mit einigen Streicheleinheiten versorgen.

Und denken Sie dabei etwas Nettes über sich ...

Honigmaske zum Verwöhnen

Eine Handvoll Sonnenblumenkerne fein zermahlen und diese mit einem Esslöffel Honig und einem Teelöffel Mandelöl verrühren. Erwärmen Sie die Paste im Wasserbad und tragen Sie diese dann auf Ihr Gesicht auf. Nach einer Viertelstunde waschen Sie die Maske mit lauwarmem Wasser ab.

Einen Obsttag genießen

Auch eine schöne Art, sich selbst etwas Gutes zu tun: Entschlacken Sie einmal mit einem Obsttag.

Die Wochenmärkte bieten jetzt ein reichhaltiges Angebot der leckersten Früchte: neben Äpfeln, Bananen und Birnen auch Beeren, Pfirsiche, Aprikosen, Melonen, Mangos und Ananas.

Stellen Sie sich eine bunte Auswahl zusammen und essen Sie einmal einen Tag lang wirklich nur Obst. Trinken Sie dazu ungesüßte Säfte, Früchtetee oder klares Wasser.

Am nächsten Tag können Sie sich dann ja mit einem großen Stück Obstkuchen belohnen.

Zwei leckere Erfrischungen

Nehmen Sie 100 ml frisch gepressten Orangesaft, mixen Sie ihn mit 150 ml Buttermilch und streuen Sie dann noch einen Esslöffel geriebene Mandeln hinein.

Alles mit dem Pürierstab gründlich durchmischen – und genießen.

Oder bereiten Sie sich einen köstlichen Eistee zu:

Mischen Sie 750 ml Pfefferminztee mit 125 ml Waldmeistersirup und 125 ml Zitronensaft. Wer mag, kann noch Mineralwasser hinzugeben und das Ganze mit Zucker süßen. Stellen Sie den Tee dann kalt. Schon allein durch die grüne Farbe wirkt das Getränk herrlich erfrischend.

Extra-Tipp: Füllen Sie eine kleine Menge davon als Eiswürfel ab, die Sie dann später in den Krug geben können.

August

Der August ist ein heißer und trockener Monat. Viele sind noch im Urlaub, andere genießen diese Zeit am liebsten im Garten oder im Schwimmbad.

Sonne, Erfrischungen, Schmetterlinge und Blumen – was verbinden Sie mit diesem Monat?

Fest steht, dass es jetzt noch einmal darum geht, den Sommer in vollen Zügen zu genießen, denn der Herbst steht schon bereit.

Erfrischung gefällig?

Dann ist diese kleine Mentalübung genau der richtige Genuss für Sie:

Nehmen Sie sich ein paar Minuten Zeit und setzen Sie sich bequem hin. Schließen Sie die Augen und atmen Sie einige Male tief durch. Stellen Sie sich nun vor, dass sie hinab in die Welt unter Wasser tauchen. Keine Sorge – Sie können unter Wasser atmen und sich dort frei und elegant bewegen.

Tauchen Sie hinunter in das türkisblaue Wasser. Begegnen Sie bunten Fischen und staunen Sie über die Lichtspiele der Sonne im Wasser. Genießen Sie es, Ihren Körper im Wasser wunderbar entspannt und voller Leichtigkeit zu bewegen. Sie kehren dann munter und ganz erfrischt zurück in die Gegenwart.

Sich treiben lassen

Fahren Sie zu einem See und mieten Sie sich dort ein Boot. Vielleicht ein Ruderboot oder ein Tretboot.

Fahren Sie dann hinaus aufs Wasser und lassen Sie sich einfach treiben. Genießen Sie das Gefühl des Getragenwerdens und das leichte Schaukeln des Bootes.

Lassen Sie Ihren Blick auf der Wasseroberfläche entspannen und über die Ufer streifen.

Schauen Sie, was es alles Schönes zu entdecken gibt: eine schillernde Libelle, einen Fisch unter der Oberfläche, einen Reiher zwischen dem Schilf. Und über Ihrem Kopf der blaue Himmel, an dem vielleicht ein Schwarm Schwalben nach Insekten jagt.

Hängemattenlust

Haben Sie schon mal in einer Hängematte gelegen?

Es ist etwas besonders Schönes, sich an einem warmen Sommertag auf diese Weise in die Entspannung schaukeln zu lassen.

Mit einem Kissen im Nacken haben Sie es noch gemütlicher und können zuschauen, wie die Blätter vom Wind bewegt werden und die Vögel in den Ästen über ihnen turnen.

Vielleicht hören Sie auch Musik oder lassen sich ein Hörbuch vorlesen?

So lässt sich der Sommer in vollen Zügen genießen.

Schmetterlingsfreuden

Haben Sie einen Schmetterlingsflieder in Ihrem Garten?

Wenn nicht, dann gehen Sie mal in einen Park oder einen botanischen Garten oder schauen Sie, ob einer in einem Nachbargarten wächst. Diese Pflanze wird besonders gerne von allen möglichen Schmetterlingen besucht und es macht sehr viel Freude, dem bunten Flattern dieser zarten Wesen eine Weile zuzuschauen.

Und gucken Sie dabei ganz genau hin – oft glauben wir etwas schon zu kennen, entdecken aber, wenn wir uns die Zeit nehmen, Dinge, die wir nie wahrgenommen haben.

Wenn Sie gerne fotografieren, nehmen Sie Ihre Kamera mit – so bleibt Ihnen dieser Sommergenuss auch noch für später erhalten.

Sonnenblumen

Ein Feld voller Sonnenblumen ist ein Spektakel für die Augen und pure Freude für die Seele. Die großen Blüten drehen sich immer zur Sonne und ihr Anblick löst bei den meisten Menschen pure Begeisterung aus.

Erkundigen Sie sich einmal, ob es bei Ihnen in der Nähe ein Sonnenblumenfeld gibt und wenn ja, fahren Sie dorthin, um in der Fülle zu schwelgen. Oft kann man sich dort gegen eine kleine Gebühr auch einige der Blumen pflücken.

Wenn Sie kein Feld finden, kaufen Sie sich eine oder mehrere Blüten in einem Blumengeschäft.

Lagerfeuerrunde

Lange Sommerabende laden dazu ein, sich mit guten Freunden an ein kleines Feuer zu setzen. Sie können

- in die Flammen schauen,
- dem Knistern zuhören,
- Marshmallows rösten,
- Kartoffeln am Stock grillen,
- Gitarre spielen,
- Lieder singen und
- sich gegenseitig Abenteuer-, Grusel- oder Liebesgeschichten erzählen.

Und am Ende des Abends machen Sie gleich einen Termin für die nächste gemütliche Feuerrunde aus.

Unter freiem Himmel schlafen

Ein echter August-Genuss: in einer warmen Nacht draußen unter freiem Himmel zu schlafen.

Am besten zusammen mit anderen, und dann gemeinsam in den Sternenhimmel schauen und sich ganz im Gefühl des unendlichen Raumes verlieren.

Zählen Sie die Sterne – wie viele es wohl sein mögen? Schließen Sie dann die Augen und stellen Sie sich vor, Sie könnten einfach hinauf in den Himmel greifen und die Sterne streicheln. Ist das nicht eine zauberhafte Vorstellung?

Und wer nicht gleich draußen übernachten möchte, kann auch einen schönen Nachtspaziergang machen – Taschenlampe nicht vergessen!

September

Im September wird das Erntedankfest gefeiert. Ein schöner Anlass, in diesem Monat zu genießen, was wir alles haben, und dankbar für alles Erreichte zu sein. In Gedanken einmal die letzten Monate durchzugehen, sich klarzumachen, was man erreichen konnte, und die eigenen Erfolge genießen.

Mit der nahenden Kälte gilt es auch, wieder ein Stück enger zusammenzurücken, das Miteinander zu genießen. Und dadurch, dass die Tage allmählich spürbar kürzer und die Abende länger werden, gewinnen wir auch wieder mehr Zeit für kreative Tätigkeiten.

Der September ist ein Monat, in dem wir uns ganz bewusst vom Sommer verabschieden und den Wechsel zum Herbst begrüßen können.

Ein wunderbares Gefühl: Zufriedenheit mit sich selbst

Wann waren Sie das letzte Mal richtig zufrieden mit sich? Wann konnten Sie anerkennen, was Sie geleistet und erreicht haben, ohne sich das Ergebnis selbst madig zu machen?

Gönnen Sie sich das viel öfter – Anlässe gibt es genug. Tatsächlich sind wir nämlich oft mit uns selbst strenger, als wir es mit jedem anderen wären. Aber eine Portion ehrliches Eigenlob kann richtig gut tun.

Wenn es etwas gibt, in dem Sie richtig gut sind und das Sie auch noch gerne tun – warum sollten Sie das nicht auch einfach mal genießen?

Es kann höchst befriedigend sein, auch mal besser als andere zu sein.

Ein ganz persönliches Erntedankfest genießen

Das Erntedankfest zu feiern ist nicht nur denen vorbehalten, die in der Landwirtschaft tätig sind. Jede/r von uns kann für all das danken, was uns dieses Jahr gebracht hat.

Vielleicht ein schöner Anlass, gute Freunde und die Familie einzuladen und noch einmal ein Gartenfest zu veranstalten?

Gründe gibt es genug:

- Bestehende Beziehungen
- Persönliche Erfolge
- Erreichtes und Geschafftes
- Gelerntes und Trainiertes
- Überwundenes

– also alles, was Sie in diesem Jahr bekommen oder geschafft haben.

Genießen Sie Ihren Reichtum

Wir machen uns viel zu selten bewusst, wie reich wir sind.

Sehen Sie es einmal so: Der Bäcker backt das Brot für Sie. Autos werden für Sie gebaut, Kleidung genäht. Menschen lernen, um etwas für Sie tun zu können, andere reinigen die Straße für Sie und wieder andere fahren Sie im Bus von einem Ort zum anderen.

Hören Sie Musik einmal mit dem Gedanken im Kopf, dass da Menschen Instrumente spielen und singen, um Sie zu erfreuen. Sehen Sie einen Film in dem Bewusstsein, dass die Schauspieler dort für Sie spielen. Und lesen Sie Bücher aus dem Blickwinkel, dass da jemand etwas für Sie niedergeschrieben hat. Sie werden sich unendlich reich beschenkt fühlen.

Auch die Gewissheit zu haben, dass uns in der Not ein soziales Netz auffangen würde, ist ein wohltuender Gedanke: dass uns Menschen versorgen werden, wenn wir uns verletzen oder krank sind. Dass wir Hilfe finden werden, wenn wir uns auf die Suche machen. All das macht uns reich.

Einfach mal annehmen

Wie reagieren Sie, wenn Sie ein Kompliment bekommen?

Sehr viele Menschen wehren Komplimente eher ab, statt sie zu genießen. Lassen Sie die netten Worte einfach mal wirken – das tut gut!

Helfen genießen

Es ist auch ein schönes Gefühl, mal für andere da sein und helfen zu können.

- Vielleicht möchten Sie etwas spenden?
- Vielleicht können Sie jemandem etwas beibringen?
- Vielleicht haben Sie eine gute Idee oder einen hilfreichen Rat für jemanden?
- Und vielleicht können Sie auch einfach nur für jemand anders da sein.

Die Welt umarmen

Genießen Sie diese kleine Übung in vollen Zügen:

Stellen Sie sich mit leicht gegrätschten Beinen hin, so dass Sie einen guten, festen Stand haben. Schließen Sie nun die Augen und atmen Sie einige Male tief durch. Lassen Sie alles, was in Ihnen ist, einfach an sich vorbeiziehen, halten Sie nichts fest, keine Gedanken, keine Gefühle.

Dann breiten Sie Ihre Arme aus, als wollten Sie jemanden umarmen. Nur stellen Sie sich keine Person vor, sondern umarmen Sie in Ihrer Vorstellung die ganze Welt. Lassen Sie Ihre offenen Arme so weit und so lang werden, dass sie alles umfassen können, und schenken Sie der ganzen Welt den liebevollen Impuls einer herzlichen Umarmung.

Verharren Sie eine Weile in dieser Haltung und atmen Sie ruhig und gleichmäßig. Lassen Sie zu, dass aus Ihrem Inneren Wohlwollen, Zuneigung und auch Liebe in die Welt hinausfließen können.

Vertrauen genießen

Sich anderen anvertrauen und sich daran freuen, dass andere einem vertrauen.

Vertrauens-Momente:

- Die Hand eines Kindes in der eigenen, Halt und Orientierung suchend.
- Ein schlafendes Tier auf dem Schoß.
- Der Partner, der im richtigen Moment genau das Richtige sagt oder tut.
- Ein Geheimnis zu bewahren.
- Um Rat gefragt zu werden.
- Zu wissen, dass es Menschen gibt, die uns in der Not helfen würden, ohne Wenn und Aber.
- Notfalls auch in der Nacht ein offenes Ohr zu haben … oder zu finden, wenn man verzweifelt ist.
- Aufgefangen zu werden, wenn man fällt.

Kreatives Schaffen genießen

Mit der dunklen Jahreszeit gewinnen wir mehr Zeit für kreative Tätigkeiten. Überlegen Sie doch mal, worauf Sie Lust haben:

- Malen und zeichnen?
- Töpfern?
- Nähen oder andere Handarbeiten?
- Holzarbeiten?
- Schreiben und Dichten?
- Fotobearbeitung oder Computergrafiken?
- Modellbau?

Genießen Sie es, sich gestalterisch zu betätigen. Sie können Kurse besuchen, einer Hobbywerkstatt beitreten, in Museen gehen, Ausstellungen anschauen und vieles, vieles mehr.

Suchen Sie sich etwas aus!

Memory – genießen Sie Ihr gutes Gedächtnis

Spielen sie mal wieder Memory! Das Spiel gibt es inzwischen auch in Ausführungen für Erwachsene, bei denen Sie sich ganz schön konzentrieren müssen, wenn Sie gewinnen wollen. Dafür ist die Freude bei einem Sieg umso größer.

Ein Abschiedsfest zum Herbstanfang

Der Herbstanfang ist eine schöne Gelegenheit, ganz bewusst Abschied vom Sommer zu nehmen und noch einmal zu genießen, was er uns in diesem Jahr geboten hat.

Laden Sie einige gute Freunde zu einem Abend ein und bereiten Sie ein leichtes, ruhig auch einfach zu kochendes Gericht zu. Sie können z. B. dünne Zucchini- und Kartoffelscheiben mit einem guten Olivenöl bestreichen und so lange im Backofen lassen, bis sie goldbraun geworden sind. Dazu ein frischer Salat und eine Saftschorle.

Dekorieren Sie den Tisch mit Hagebuttenzweigen und Zierkürbissen.

Gehen Sie nun alle gemeinsam in Gedanken einmal all die schönen Tage des Sommers durch und freuen Sie sich an allem, was Sie erlebt haben. Erzählen Sie einander, was für Sie das Besondere in diesem Sommer war und was Sie daraus mit in den Herbst nehmen.

Oktober

Ob golden oder grau, sonnig oder stürmisch, warm oder kühl, trocken oder nass – der Oktober bringt den Herbst. Die Tage werden kürzer, weshalb wir noch so viele schöne Momente wie möglich draußen genießen sollten.

Mit einer dicken Jacke, Mütze und festem Schuhwerk lässt sich dieser Monat auch bei schlechtem Wetter draußen am besten genießen. Nehmen wir noch mit, was wir bekommen können, der Winter wird lang genug.

Wenn es zu kühl oder nass wird, gibt es drinnen andere Genüsse zu entdecken: Düfte, heiße Bäder, Fußmassagen und mehr.

Herbstfreuden

- Wind im Haar.
- Drachen steigen lassen.
- Durchs raschelnde Laub waten.
- Kraniche und Gänse ziehen sehen.
- Kastanien und Eicheln sammeln.
- Bunte Blätter pressen.
- In Farben schwelgen.
- Die Sonne genießen.
- Dem Regen trotzen.
- Vor dem Hagel flüchten.
- In den Nebel eintauchen.
- Ein heißes Getränk nach einem Spaziergang genießen.

Einen Sonnenuntergang genießen

Sonnenuntergänge nehmen die meisten von uns nur im Urlaub bewusst wahr, dann, wenn wir z. B. am Meer sitzen und die Sonne am Horizont versinkt.

Warum aber nicht auch einmal daheim einen Sonnenuntergang vom ersten Lichtwechsel bis zur Dunkelheit genießen? Gerade jetzt, wo die Tage schon wieder empfindlich kürzer werden, ist genau die richtige Zeit dazu.

Fahren Sie hinaus in die Natur, wo Sie ein offenes Stück Gelände haben und weit schauen können. Wenn es schon kühl ist, nehmen Sie sich am besten etwas Heißes zum Trinken und eine Decke mit. Achten Sie nun darauf, wie sich mit dem Sinken der Sonne die Lichtverhältnisse, Farben und auch die Stimmung verändert, und saugen Sie all das tief in sich auf.

Dufterlebnis: Aromatherapie

Düfte wirken direkt auf das limbische System in unserem Gehirn. Auf diese Weise können wir nicht nur unsere Gefühle, sondern auch Körperreaktionen beeinflussen. Genau das macht sich die Aromatherapie zunutze.

Für die Auswahl ätherischer Öle sollten Sie in ein Fachgeschäft gehen, z. B. in ein Reformhaus. Kaufen Sie nur naturreine Öle, keine synthetisch hergestellten.

Hier einige Düfte und ihre Wirkungen:

- Jasmin: nervenberuhigend und lustfördernd
- Rosmarin: hebt die Stimmung
- Zitrone: erfrischt
- Bergamotte: stimmungsaufhellend
- Geranie: belebend
- Sandelholz: beruhigend
- Ylang-Ylang: stimulierend

Andere Duftgenüsse

Statt mit einer Aromatherapie-Lampe können Sie auch mit Duftkerzen oder Räucherstäbchen eine wohltuende Atmosphäre in Ihrer Wohnung schaffen.

Achten Sie beim Einkauf auf Qualität – so müssen Sie sich später nicht über einen zu starken oder künstlich anmutenden Duft ärgern.

Auch mit Kräutern gefüllte Kissen erzeugen einen herrlichen Duft. Lavendelkissen z. B. sind bestens geeignet für den Wäscheschrank oder als Einschlafhilfe im Bett.

Auch hierzu können Sie sich im Reformhaus beraten lassen.

Abrufbares Wohlgefühl

Gehen Sie einmal in ein Reformhaus und lassen Sie sich dort die Auswahl an ätherischen Öle zeigen. Suchen Sie sich einen aus, den Sie besonders gerne mögen – vielleicht Zitronenmelisse, Orange oder Bergamotte-Öl.

Halten Sie nun das Fläschchen bereit, und wann immer es Ihnen richtig gut geht und Sie glücklich sind, riechen Sie an dem Fläschchen. Sehr bald wird sich das gute Gefühl mit dem Duft verbinden. Sie können dann, wenn Sie mal einen kleinen „Aufsteller" brauchen, den Duft und die damit abgespeicherten guten Gefühle genießen.

Einen ähnlichen Effekt können Sie auch auslösen, wenn Sie einen Duft nehmen, der Sie z. B. auf einer schönen Reise begleitet hat, oder einen, den Sie mit erfüllenden Erlebnissen aus Ihrer Kindheit verbinden.

Wasserwonnen

Je kälter und ungemütlicher es draußen wird, desto wohltuender ist Wärme.

Finden Sie doch einmal heraus, ob es in Ihrer Nähe ein Thermalbad gibt, das Sie besuchen können. Das warme und oft mit Heilgasen oder Solen versehene Wasser schenkt einen Genuss der besonderen Art, und Sie tun auch gleich noch etwas Gutes für Ihre Gesundheit.

Aber auch zu Hause können Sie sich etwas Gutes tun: Baden Sie doch beispielsweise mal in Milch. Für ein Vollbad sollten Sie zwei Liter zum Badewasser hinzufügen.

Oder geben Sie Meersalz in Ihre Wanne. Je salzhaltiger das Wasser ist, desto schwereloser wird unser Körper. Das lässt sich selbst in einer Wanne spüren.

Intensiver wird es natürlich in einem Wasserbecken. Dort können Sie schweben, sich einfach treiben lassen und erleben, wie man mit dem Einatmen etwas angehoben wird, während man mit dem Ausatmen etwas sinkt.

In Farben baden

Ein wundervolles Wohlfühlerlebnis: Versetzen Sie Ihrem Badewasser einmal einige Tropfen Lebensmittelfarbe und tauchen Sie auf diese Weise ganz und gar ein in Ihre Lieblingsfarbe.

- Rot wirkt belebend und energetisierend.
- Orange wirkt aufmunternd und schafft eine heitere Stimmung.
- Gelb schenkt neue Kraft, regt das Denken und die Kreativität an und wirkt harmonisierend.
- Grün hat heilende Kräfte und entgiftet Geist und Seele.
- Rosa befreit das Herz und schenkt Herzenswärme.
- Blau beruhigt die Nerven und fördert den Schlaf.

Für welche Farbe entscheiden Sie sich?

Wohltat für die Füße

Genießen Sie ein heißes Fußbad.

Einfach heißes Wasser in einen Eimer oder eine kleine Plastikwanne geben und dann die Füße eintauchen. Es gibt auch spezielle Badezusätze für Fußbäder; lassen Sie sich dazu einmal in einer Drogerie oder in einem Reformhaus beraten.

Cremen Sie danach Ihre Füße liebevoll ein und verbinden Sie das mit einer Fußmassage. Drücken und kneten Sie je nach Wohlgefühl sanft oder kräftig die verschiedenen Bereiche des Fußes. Vergessen Sie nicht, auch die Zehen zu massieren, Sie können diese z. B. kreisen oder ausstreichen.

Ziehen Sie sich dann warme, flauschige Socken an und genießen Sie ein neues Gehgefühl.

November

Der November regt zum Rückzug an.

Je grauer und unangenehmer es draußen wird, desto lieber ziehen wir uns in unsere vier Wände zurück. Zeit, zur Ruhe zu kommen; Zeit, sich zu verwöhnen.

Der November ist für viele von uns aber auch ein Monat, in dem wir zu trüben Gedanken neigen. Gerade dann ist es wichtig, gut für sich zu sorgen und die grauen Gedanken mal ganz bewusst durch etwas Schönes zu ersetzen.

Nestbau

Machen Sie es sich jetzt in Ihrer Wohnung oder Ihrem Haus richtig schön. Schon ein paar neue Bilder an der Wand, ein anderer Sofaüberwurf, neue Kissenhüllen oder einige Zimmerpflanzen können das Gesicht Ihrer vier Wände positiv verändern, so dass Sie das Zu-Hause-Sein noch mehr genießen können.

Raum für sich selbst schaffen – und genießen

Haben Sie ein Zimmer ganz für sich? Oder wenigstens eine ganz persönliche Ecke?

Es tut gut, sich einen Rückzugsort zu schaffen, den man nach seinen eigenen Vorstellungen und Bedürfnissen gestalten kann.

Das kann ein gemütlicher Sessel in der Lieblingsfarbe sein, mit einem Beistelltisch, auf dem das Lieblingsbuch liegt. Oder Sie gestalten sich eine Ecke im Zimmer mit einem kleinen Schreibtisch, an dem Sie auch malen oder anderweitig kreativ sein können. Oder Sie richten sich Ihr ganz persönliches Zimmer ein, das Sie ganz nach Ihrem Geschmack dekorieren können.

Genießen Sie es, sich dorthin zurückzuziehen, wenn Sie einmal Zeit für sich brauchen.

Stille

Mal keine Geräusche, kein Radio, keine Musik, keine Gespräche.

Einfach Ruhe.

Ein Genuss für die gestresste Seele, die tief durchatmen kann.

Ein Tag im Bett

Warten Sie nicht erst auf eine Erkältung, um sich mal einen ganzen Tag im Bett zu gönnen! Sie können ihn viel mehr genießen, wenn Sie gesund sind.

Nehmen Sie sich frei, versorgen Sie sich mit einigen leckeren Sachen, Zeitschriften, einem Buch und erlauben Sie sich, so lange in den Federn zu bleiben, wie Sie es möchten.

Blumenfreuden

Besonders im Novembergrau ein Genuss: Gehen Sie in einen Blumenladen und schauen Sie sich mit Zeit und Muße um.

Lassen Sie all die verschiedenen Blüten, Farben und Formen auf sich wirken und finden Sie heraus, welche Blumen am besten duften.

Suchen Sie sich dann am Ende eine oder mehrere aus und nehmen Sie diese mit nach Hause. Mit so viel Achtsamkeit ausgewählt, werden sie Ihnen besonders viel Freude machen.

Und vielleicht haben Sie Lust, auch gleich noch einen Strauß für jemanden aus Ihrer Familie oder Ihrem Freundeskreis mitzunehmen? Auch anderen eine Freude zu machen kann ein wohltuender Genuss sein.

Liebevolle Partnermassagen

Massagen sind eine schöne Möglichkeit, sich gegenseitig zu verwöhnen.

Wichtig ist, dass jeder dem anderen mitteilt, was er oder sie gerne mag und was eher als unangenehm empfunden wird, denn die Geschmäcker sind manchmal sehr verschieden. Was der eine als sanfte Berührung einschätzen würde, empfindet der andere schon als zu stark.

Massieren Sie einander mit den Händen (diese bitte vorher aufwärmen, falls sie kalt sind) oder nutzen Sie z. B. sogenannte Igel-Bälle oder Massageroller. Auch hier ist das Empfinden oft sehr unterschiedlich, so dass Sie gemeinsam herausfinden sollten, was Sie jeweils am liebsten mögen.

Leiten Sie also einander genussvoll an.

Zwei Möglichkeiten, sich selbst zu massieren

Ayurvedische Selbstmassage

Besorgen Sie sich ein gutes Massageöl (z. B. Sesamöl) und versetzen Sie es mit einigen Tropfen eines Ihrer Lieblingsdüfte.

Reiben Sie Ihren Körper liebevoll mit dem Öl ein. Massieren Sie die Körperregionen, wo es Ihnen guttut und streicheln Sie die, die weniger Druck mögen.

Rückenmassage

Klemmen Sie einen kleinen Ball zwischen eine Wand und Ihren Rücken. Indem Sie sich nun langsam bewegen, können Sie den Ball entlang Ihrer Rückenmuskeln kreisen lassen. So können Sie sich auch da etwas Gutes tun, wo Sie mit den Händen nicht so gut hinkommen.

Sauna-Freuden

Ein Saunabesuch sorgt für Rundum-Wohlgefühl – hier werden Körper, Geist und Seele gepflegt, und Sie tun auch noch etwas für Ihr Immunsystem.

Suchen Sie sich eine Sauna, wo Ihnen das Ambiente gut gefällt und Sie sich auf Anhieb wohlfühlen. Wenn Sie lieber gleichgeschlechtlich saunen, dann fragen Sie nach den entsprechenden Tagen – für viele ist das deutlich entspannter. Nehmen Sie sich für die Zeit nach der Sauna nichts weiter vor – ein gemütlicher Abend auf dem Sofa ist dann genau das Richtige.

Lassen Sie die Sache ruhig angehen und verzichten Sie darauf, möglichst oft in die Saunakabine zu gehen. Zwei oder drei Mal reichen vollkommen aus. Probieren Sie aus, wie viel Hitze Ihnen persönlich angenehm ist und ob Sie vielleicht eine Dampfsauna der trockenen Luft vorziehen. Ihr Körper sagt Ihnen, was gut für Sie ist. Gönnen Sie sich dazwischen Ruhepausen und warme Fußbäder. Auch ein Fruchtsaft tut gut.

Teezeit

In der kalten Jahreszeit ist Tee ein besonderer Genuss – was gibt es Wohltuenderes als eine Tasse voll mit duftendem, goldbraunem Tee? Unter den vielen verschiedenen Sorten, die es inzwischen gibt, ist für jeden etwas dabei.

Gehen Sie einmal in ein gutes Teegeschäft – allein das ist schon ein Erlebnis für die Sinne, denn die Düfte sind überwältigend und Teegeschäfte sind meist urgemütlich. Vielleicht finden Sie sogar eines, in dem Sie sich für einen Moment setzen und vor Ort einen Tee probieren können.

Lassen Sie sich verschiedene Teesorten empfehlen. Riechen Sie und wählen Sie einige aus, von denen Sie erst einmal Probiergrößen mit nach Hause nehmen. Auf diese Weise finden Sie sicher Ihren ganz persönlichen Lieblingstee.

Gedankenreisen

Gerade in so einem grauen und kühlen Monat, wie es der November oft ist, kann man Gedankenreisen in ferne Länder besonders genießen. In unserer Vorstellung können wir überall hinreisen, und je mehr Sie sich darauf einlassen, desto intensiver wird das Erlebnis.

Vielleicht beginnen Sie mit einem Ort, an dem Sie schon einmal waren. Erinnern Sie sich daran, wie es dort aussah, wie es roch, wie warm es dort war, welche Geräusche Sie mit diesem Ort verbinden und auch, was Sie dort gegessen und getrunken haben. Je detailreicher Sie das innere Bild gestalten, umso mehr werden Sie das Gefühl haben, tatsächlich wieder an diesem Ort zu sein.

Wenn Sie dazu Musik abspielen, die Sie damals gehört haben, wird es Ihnen noch leichter fallen, in Ihrer Vorstellung an diesen Ort zu reisen.

Und mit ein wenig Übung können Sie sogar in Länder reisen, in denen Sie noch nie waren. Schöpfen Sie einfach aus Ihrer Vorstellungkraft! Stellen Sie sich die Häuser, die Straßen, den Strand und die Palmen ganz bildhaft vor. Malen Sie sich alles mit allen fünf Sinnen aus.

Dezember

Der Dezember ist dunkel und lichtvoll zugleich. Die Tage sind die kürzesten des Jahres, aber die Straßen und Zimmer werden mit Kerzen und Lichtern hell beleuchtet. Wir kuscheln uns in unsere warmen Höhlen und rücken dichter zusammen.

In der zweiten Monatshälfte verstärkt sich die Weihnachtsstimmung; es riecht nach Gebäck und Glühwein und Kinderaugen leuchten vor Aufregung. Geschenke rascheln in buntem Papier, und das Öffnen kleiner Türchen weist den Weg zum Fest.

Am Ende des Monats folgt dann der Abschied von dem Jahr, das hinter uns liegt – mit allen Erlebnissen und Genüssen, die es uns schenkte.

Schutz und Wärme genießen

Je kälter es draußen wird, desto mehr kann man die eigenen vier Wände genießen, in eine Decke eingekuschelt dem Regen oder Sturm zuhören und ganz bewusst die Geborgenheit und Wärme des eigenen Zuhause spüren.

Genuss für kalte Tage

Ebenso einfach wie gut: Eine Wärmflasche oder ein Kirschkernkissen, im Bett bereitgelegt, macht das Hinlegen zu einem wohligen Erlebnis. Beides hilft auch bestens bei kalten Füßen.

Schneller Wärmespender

Und wenn Sie gerade nicht gemütlich auf Ihrem Sofa liegen, sondern Ihnen der Dezemberwind um die Ohren pfeift, können

Sie sich auf folgende Art einen kleinen Wärmegenuss verschaffen: Reiben Sie Ihre Handflächen schnell und kräftig aneinander und legen Sie diese dann auf Ihre Wangen.

Wärme von innen

Aus Ostasien kommt dieses Rezept für ein wärmendes Wintergetränk, das nicht nur lecker, sondern auch gut für die Gesundheit ist. Es wirkt stärkend auf das Immunsystem und lindert Erkältungsbeschwerden:

Gießen Sie einige Scheiben frischen Ingwer mit kochendem Wasser auf, lassen Sie den Aufguss einige Minuten ziehen und geben Sie dann, nachdem Sie den Ingwer abgesiebt haben, den Saft einer halben Zitrone und einen Teelöffel Honig dazu.

Jetzt können Sie langsam, Schluck für Schluck genießen und spüren, wie wohlige Wärme Sie von innen durchflutet.

Und für alle, die es etwas weniger exotisch mögen: Bereiten Sie sich eine heiße Milch mit Honig – die ist auch ein gutes Einschlafmittel.

Häusliche Genüsse

Was Sie jetzt alles zu Hause genießen können:

Erinnerungen: Stöbern Sie durch Ihre Fotoalben, Tagebücher und alten Briefe. All die Zeit, die darin dokumentiert ist, all die Jahre, all die Erlebnisse gehören Ihnen und Sie können jederzeit in Gedanken zurück an die Orte und zu den Begegnungen gehen, an die Sie sich gerne erinnern.

Andere Welten und Gedanken: Bücher ermöglichen es uns, durch Zeit und Raum zu reisen. Vertiefen Sie sich noch einmal in Ihre Lieblingsbücher oder entdecken Sie neuen Schmökerstoff – jetzt ist genau die richtige Jahreszeit dafür.

Ein Lesefest geben: Laden Sie Freunde ein oder setzen Sie sich mit Ihrem Partner zusammen gemütlich aufs Sofa, zünden Sie eine Kerze an und lesen Sie einander aus Ihren Lieblingsbüchern vor. Vielleicht möchten Sie und Ihr Partner auch gemeinsam ein Buch lesen, indem Sie sich abwechselnd daraus vorlesen?

Lichterfreuden

Zur Weihnachtszeit erstrahlen viele Fenster, Balkone und Bäume im Glanz von Lichterketten.

Manch einer mag das kitschig finden, aber gerade wenn es dunkel und kalt ist, kann Licht das Herz erwärmen.

Erfreuen Sie sich an den vielen Glanzlichtern Ihrer Stadt oder Ihres Dorfes und geben Sie selbst das eine oder andere dazu – nicht nur für sich selbst, auch für die Menschen, die draußen unterwegs sind.

Mini-Meditation

Auch Kerzenlicht schenkt innere Wärme. Nehmen Sie sich hin und wieder einen Moment Zeit und setzen Sie sich, um für einige Minuten nichts weiter zu tun, als in die Flamme einer Kerze zu schauen. Spüren Sie, wie Sie immer ruhiger werden und sich immer tiefer in das Licht versenken können.

Jeder Genuss zu seiner Zeit

Weihnachtsleckereien laden zu vielfältigsten Genüssen ein – aber nur dann, wenn wir sie wirklich erst zu Weihnachten genießen!

Verschmähen Sie also Weihnachtsgebäck im September und freuen Sie sich umso mehr, damit die Adventszeit zu genießen. Auf diese Weise bleiben Zimtsterne, Lebkuchen und Marzipankartoffeln etwas ganz Besonderes.

Besser noch: Backen Sie selbst!

So bekommen Sie nämlich ein kleines Rundum-Genussprogramm, denn in der gemütlich warmen Küche, mit duftenden Weihnachtsgewürzen, Kneten, Ausstechen und Teignaschen werden alle Sinne befriedigt.

Drei Ideen für vorweihnachtliches Genießen

Wie wäre es mit einem Treffen mit Freunden bei Kerzenschein und mit Tee oder einer heißen Schokolade? Sie können gemeinsam über Weihnachten reden, sich austauschen, wie es früher war, welche Bräuche Sie kennen und was Weihnachten für Sie alle bedeutet.

Ein schönes Geschenk für sich selbst oder andere: Basteln Sie einen Genuss-Kalender: Besorgen Sie sich im Schreibwaren- oder Buchladen einen Bastelkalender und stellen Sie dann die schönsten Genuss-Ideen zusammen. Illustrieren Sie diese mit Bildern zum Schwelgen und mit kleinen Aufforderungen, bei allen Terminen das Genießen nicht zu vergessen.

Auch wenn im Dezember sowieso schon viel gefeiert wird, lädt auch der Winteranfang zu einem Fest ein, selbst wenn es nur ein kurzer Moment ist, in dem Sie innehalten und folgenden Gedanken genießen: Mit dem Winteranfang haben wir die längste Nacht hinter uns, von nun an sind es wieder die Tage, die länger werden.

Besinnliches zum Fest

Genießen Sie die verschiedensten Weihnachtsfreuden:

- Ein Spaziergang in der Natur vor der Bescherung – vielleicht im Schnee oder bei Sonnenschein und sogar bei Regen. Sie werden sich dann noch mehr darauf freuen, es sich bei Kerzenschein gemütlich zu machen.
- Der Besuch in der Kirche – zusammen mit anderen den christlichen Kern des Weihnachtsfestes feiern.

- Hören Sie Weihnachtslieder – oder noch besser: Musizieren Sie selbst.
- Geschenke geben und annehmen – und hier weniger auf die Sachen selbst schauen als auf die Geste, denn die ist entscheidend.
- Brennen Sie einige Wunderkerzen ab – diese kleinen Feuerwerke zaubern auf so ziemlich jedes Gesicht ein Lächeln, sei es jung oder alt.

Weihnachten genießen

Und noch einige kleine Tipps für Festtags-Genuss:

- Wählen Sie bequeme Kleidung, die Sie nicht einschnürt.
- Wenn Sie andere besuchen: Nehmen Sie sich dicke Socken mit, damit Sie sich die Schuhe ausziehen können.

Wenn Sie selbst Gastgeber sind, können Sie solche Socken auch für Ihren Besuch bereithalten.

- Achten Sie darauf, dass der Raum, in dem Sie feiern, immer wieder ausreichend gelüftet wird – Kerzen verbrauchen viel Sauerstoff und meist sind die Räume, in denen wir mit unseren Lieben sitzen, (zu) gut geheizt.
- Essen Sie ruhig von allem, was Sie verlockt – aber möglichst nur kleine Portionen. So können Sie schlemmen, ohne sich zu überessen.
- Dehnen und bewegen Sie sich immer wieder ein bisschen – so entspannen Sie sich und kommen wieder in Schwung.
- Lächeln Sie – das macht gute Laune.

Und: Genießen Sie ganz bewusst das Zusammensein mit Ihren Lieben – streiten können Sie zu einem anderen Zeitpunkt wieder.

Kleine Energie-Meditation

Wann immer Sie mal eine kleine Auszeit und etwas mehr Energie brauchen, können Sie diese wohltuende Übung durchführen:

Setzen oder legen Sie sich bequem hin und atmen Sie einige Male tief durch.

Nun lassen Sie Ihren Körper in Gedanken in verschiedenen Farben strahlen. Fangen Sie z. B. mit einem kühlen Blau an. Vielleicht beginnt die Farbe von Ihrer Körpermitte her auszustrahlen, oder Sie stellen sich vor, dass jemand die Farbe von Ihrem Scheitel aus auf Sie herabgießen würde, so dass sie von oben durch den ganzen Körper fließt.

Wechseln Sie dann zu einem wohltuenden Grün. Lassen Sie es zu einem kräftigen, warmen Rot werden und spüren Sie die Energie, die damit verbunden ist. Aus dem

Rot wird dann ein freundliches Orange. Und daraus dann ein helles Gelb. Sie strahlen nun wie die Sonne und sind voller Energie.

Das Jahr genussvoll beenden

Wenn Sie Silvester gern traditionell mit vielen anderen Menschen, Trubel und reichlich Sekt feiern – wunderbar. Genießen Sie den Jahreswechsel in vollen Zügen.

Wenn Sie aber eher aus Gewohnheit oder anderen zuliebe mitfeiern, könnten Sie in diesem Jahr einmal darüber nachdenken, wie Sie den Jahreswechsel am liebsten verbringen würden.

- Vielleicht zusammen mit einigen guten Freunden oder allein mit Ihrem Lebenspartner?

- Vielleicht auf einer kleinen Reise weit weg vom Alltag?
- Vielleicht mit einem besonderen Erlebnis?
- Vielleicht auch ganz allein, nur mit sich selbst?

Das Jahr so zu beenden, wie es uns wirklich guttut, kann ein wunderbares Ritual sein, um für das neue Jahr wieder einen genussvollen Weg einzuschlagen.

Und was bereitet Ihnen persönlich Genuss? Vielleicht möchten Sie mir Ihre Ideen und Erfahrungen schreiben:

Tania Konnerth
Gartenstraße 6
29499 Zernien
E-Mail: tania.konnerth@zeitzuleben.de

Weitere Inspirationen, Anregungen, praktische Tipps und Übungen finden Sie auch in dem Online-Ratgeber „Zeit zu leben", den ich zusammen mit meinem Mann herausgebe – im Internet unter: http://www.zeitzuleben.de